LES ENTRÉES

www.**company**scoming.com
visitez notre anglais ↑ Web site

Dédicace

Des bouchées pour partir du bon pied!

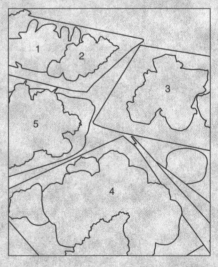

Photo de couverture

Accessoires fournis par :   Scona Clayworks, La Baie

LES ENTÉES

Première édition, novembre 1999

Données de catalogage avant publication (Canada)

Paré, Jean
Les entrées

Publié aussi en anglais sous le titre : Company's Coming, Starters
Comprend un index.
ISBN 1-895455-62-6

1. Hors-d'œuvre.   I. Titre.

TX740.P34914 1999   641.8'12   C99-900983-4

Publié et distribué par
Company's Coming Publishing Limited
2311-96 Street
Edmonton (Alberta) Canada T6N 1G3
www.companyscoming.com

Imprimé au Canada
Printed in Canada

Livres de cuisine
de la collection Jean Paré

LIVRES DE CUISINE JEAN PARÉ

- 150 DÉLICIEUX CARRÉS
- LES CASSEROLES
- MUFFINS ET PLUS
- LES DÎNERS
- LES BARBECUES
- LES TARTES
- DÉLICES DES FÊTES
- RECETTES LÉGÈRES
- LES SALADES
- LA CUISSON AU MICRO-ONDES
- LES PÂTES
- LES CONSERVES
- LES CASSEROLES
- POULET ETC.
- LA CUISINE POUR LES ENFANTS
- POISSONS ET FRUITS DE MER
- LES PAINS
- LA CUISINE SANS VIANDE
- LA CUISINE POUR DEUX
- DÉJEUNERS ET BRUNCHES
- LES BISCUITS
- LES PiZZAS!
- DES REPAS EN UN PLAT
- LES ENTRÉES
- LES PLATS FRICASSÉS (mars 2000)

SÉRIE SÉLECTE

- SAUCES ET MARINADES
- BŒUF HACHÉ
- HARICOTS ET RIZ
- DES REPAS EN TRENTE MINUTES

GRANDS SUCCÈS

- PAINS ÉCLAIR ET MUFFINS
- TREMPETTES, TARTINADES ET SAUCES À SALADE
- SOUPES ET SALADES (avril 2000)
- SANDWICHES ET ROULÉS (avril 2000)

TITRES ASSORTIS

- JEAN PARÉ CÉLÈBRE NOËL
- JEAN PARÉ REÇOIT AVEC SIMPLICITÉ
- JEAN PARÉ FÊTE LE MILLÉNAIRE

table des Matières

L'histoire de Jean Paré

En grandissant, Jean Paré a compris que l'important dans la vie, c'est la famille, les amis et les petits plats mijotés à la maison. Jean tient de sa mère son appréciation de la bonne cuisine tandis que son père loua ses premiers essais. Jean quitta la maison familiale munie de recettes éprouvées et animée de son amour des chaudrons et du désir particulier de dévorer les livres de cuisine comme des romans!

En 1963, ses quatre enfants tous entrés à l'école, Jean offrit de pourvoir la nourriture qui serait servie à l'occasion du 50ᵉ anniversaire de l'École d'agriculture de Vermilion, aujourd'hui le Collège Lakeland. Travaillant chez elle, Jean prépara un repas pour plus de mille personnes. Cette petite aventure marqua les débuts d'un florissant service de traiteur qui prospéra pendant plus de dix-huit ans et qui permit à Jean de tester une foule de nouvelles idées et de s'enquérir sur-le-champ de l'avis de ses clients — dont les assiettes vides et les mines réjouies disaient long! Qu'il s'agisse de préparer des amuse-gueule pour une réception à domicile ou de servir un repas chaud à 1 500 personnes, Jean Paré avait la réputation de servir de la bonne nourriture à un prix abordable, avec le sourire.

Souvent, les admirateurs de Jean en quête de ses secrets culinaires lui demandaient «Pourquoi n'écrivez-vous pas un livre de cuisine?». À l'automne 1980, Jean faisait équipe avec Grant Lovig, son fils, et ensemble, ils fondaient Company's Coming Publishing Ltd. qui lançait un premier titre, *150 Delicious Squares*, le 14 avril 1981. Quoique personne ne le savait à l'époque, ce livre était le premier d'une série qui deviendrait la collection de livres de cuisine la plus vendue au Canada.

L'époque où Jean Paré était installée chez elle, dans une chambre d'ami, est bel et bien révolue. Company's Coming emploie à temps plein des agents de commercialisation dans les grands centres canadiens. Le siège social de l'entreprise est établi à Edmonton (Alberta) dans des bureaux modernes conçus spécialement pour l'entreprise.

Les livres de cuisine Company's Coming sont vendus partout au Canada et aux États-Unis et dans certains pays étrangers, le tout grâce aux bons soins de Gail Lovig, la fille de Jean. La série paraît en français et en anglais et une adaptation en espagnol est vendue au Mexique. Et maintenant, on peut se procurer en d'autres formats que la collection originale à couverture souple les recettes familières de Jean Paré, toujours dans le style et la tradition qui lui ont valu la confiance de ses lecteurs.

Jean Paré a un penchant pour les recettes rapides et faciles, faites avec des ingrédients familiers. Même lorsqu'elle voyage, elle est continuellement à l'affût de nouvelles idées à partager avec les lecteurs. De retour à Edmonton, elle passe beaucoup de temps à faire des recherches et à rédiger des recettes; elle met aussi la main à la pâte dans la cuisine d'essai. La clientèle de Jean Paré ne cesse de grossir et ce, parce que celle-ci ne dévie jamais de ce qu'elle appelle «la règle d'or de la cuisine» : ne jamais partager une recette que l'on ne préparerait pas soi-même. C'est une méthode qui a fait ses preuves — *des millions de fois!*

avant-propos

Les entrées, ce sont autant les délicieux petits hors-d'œuvre en bouchées et croque-en-doigts que l'on sert à ses invités en début de soirée qu'une salade ou une soupe servie à table. Les entrées commencent bien n'importe quelle rencontre et contribuent souvent à amorcer la conversation.

Les hors-d'œuvre et croque-en-doigts se sont imposés au début du XXe siècle et se sont beaucoup diversifiés depuis cette époque. À mesure que les ingrédients en conserve et préemballés se sont répandus de plus en plus, les garnitures que l'on peut servir en pâte phyllo ou dans des têtes de champignons se sont aussi multipliées.

De nos jours, les hors-d'œuvre sont frais et divers, colorés, voire même exotiques. Par contre, la préparation est toujours simple et peut se faire à l'avance pour la congélation. Comment mieux accueillir des amis qui se présentent à l'improviste qu'en leur servant des champignons en pâte ou des bouchées aux piments verts tout chauds qui se trouvaient dans le congélateur pas moins de 12 minutes auparavant. Dans la mesure du possible, il faut s'en tenir à des portions d'une ou deux bouchées et toujours servir les hors-d'œuvre sur des petites assiettes ou avec des serviettes cocktail. Pour faire plus joli, on peut aussi acheter des piques décoratifs ou des petits couteaux pour tartinades.

On assemble un plateau d'entrées en variant les textures, les couleurs et les goûts. Le nombre d'entrées chaudes et froides est fonction du temps de l'année, de l'heure de la journée et des autres plats qui seront servis. Souvent, on veut éviter que les hors-d'œuvre soient si abondants que les convives n'ont plus faim au moment de passer à table, mais lorsqu'on ne prévoit pas de repas plus consistant, on ne veut pas non plus que les invités restent sur leur faim.

Lorsqu'un repas est prévu, on peut choisir de faire circuler quelques hors-d'œuvre, puis de commencer le repas avec une soupe ou une salade. L'entrée est destinée à ouvrir l'appétit avant le repas, non à le couper. Les soupes et salades qui sont présentées dans cet ouvrage sont légères et destinées à être servies en petites portions.

Cocktails, fêtes pour une future mariée, rencontres entre collègues de travail, détente après le ski ou même soirée organisée pour remercier un groupe de bénévoles — ce sont toutes des occasions de servir des hors-d'œuvre. Il suffit de faire circuler un plateau de brochettes aux crevettes chaudes ou de présenter un assortiment de roulés au bœuf et de roulés au chili. Même le sushi et les dolmades sont au goût du jour sans exiger une préparation trop compliquée.

Les occasions mémorables commencent par LES ENTRÉES!

Jean Paré

Toutes les recettes ont été analysées d'après la version la plus à jour du Fichier canadien sur les éléments nutritifs de Santé Canada, qui est inspiré de la base de données sur les nutriments du ministère de l'Agriculture des États-Unis (USDA).

Margaret Ng, B.Sc. (hon.), M.A.

Diététiste

CANAPÉS GRILLÉS AU PARMESAN

Il n'y a guère plus simple.

Margarine dure (ou beurre), ramollie	½ **tasse**	**125 mL**
Parmesan râpé	¼ **tasse**	**60 mL**
Baguette, coupée en tranches **de 12 mm (½ po)**	½	½

Écraser la margarine et le fromage à la fourchette sur une assiette.

Poser les tranches de baguette sur un plat à griller non graissé. Faire griller 1 côté des tranches puis les retourner. Étaler 15 mL (1 c. à soupe) du mélange de fromage sur chaque tranche. Faire griller les tranches au four jusqu'à ce qu'elles soient dorées. Donne 12 tranches.

1 tranche : 137 calories; 9,4 g de matières grasses; 245 mg de sodium; 3 g de protéines; 11 g de glucides; trace de fibres alimentaires

RONDS DE FROMAGE FESTIFS

Ce canapé est bon froid, mais encore meilleur tiède.

Chair à saucisses de porc	½ **lb**	**225 g**
Bœuf haché maigre	½ **lb**	**225 g**
Pain de préparation de fromage fondu **(Velveeta par exemple), en morceaux**	½ **lb**	**225 g**
Sel	¼ **c. à thé**	**1 mL**
Poivre	⅛ **c. à thé**	**0,5 mL**
Poudre d'ail	¼ **c. à thé**	**1 mL**
Origan entier déshydraté	½ **c. à thé**	**2 mL**
Poivre de Cayenne	⅛ **c. à thé**	**0,5 mL**
Petits ronds de pain de seigle	**32**	**32**

Faire revenir la chair à saucisse et le bœuf haché dans une poêle à frire jusqu'à ce que la viande ne soit plus rose. Égoutter.

Ajouter les 6 prochains ingrédients. Remuer jusqu'à ce que le fromage soit fondu. Laisser refroidir légèrement. Donne 500 mL (2 tasses) de garniture.

Poser les ronds de pain sur une plaque à pâtisserie non graissée. Étaler 15 mL (1 c. à soupe) de garniture sur chacun. (Peut être surgelé à ce stade.) Cuire au four à 350 °F (175 °C) environ 10 minutes. Donne 32 ronds.

1 rond : 63 calories; 3,4 g de matières grasses; 218 mg de sodium; 4 g de protéines; 4 g de glucides; trace de fibres alimentaires

CANAPÉS GRILLÉS AU MOZZA ET AUX POIVRONS

Les poivrons grillés et le fromage sont délicieux combinés.

Poivron rouge moyen	1	1
Eau	½ tasse	125 mL
Fécule de maïs	1 c. à thé	5 mL
Vinaigre balsamique	¼ tasse	60 mL
Vinaigre blanc	2 c. à soupe	30 mL
Moutarde préparée	1½ c. à soupe	25 mL
Raifort commercial	1 c. à thé	5 mL
Huile de cuisson	1 c. à thé	5 mL
Sauce Worcestershire	¼ c. à thé	1 mL
Poivre de Cayenne	⅛ c. à thé	0,5 mL
Poudre d'ail (ou 1 gousse d'ail émincée)	¼ c. à thé	1 mL
Mozzarella partiellement écrémé, coupé en cubes de 6 mm (¼ po)	8 oz	250 g
Olives noires dénoyautées, hachées	¼ tasse	60 mL
Baguette, coupée en tranches de 12 mm (½ po)	1	1

Poser le poivron dans un moule à tarte non graissé. Cuire au four à 350 °F (175 °C) pendant 15 minutes. Retourner le poivron et poursuivre la cuisson 15 à 20 minutes. Laisser le poivron refroidir jusqu'à pouvoir le manipuler, puis le peler, l'épépiner et le couper en dés. Mettre dans un bol moyen.

Délayer la fécule de maïs dans l'eau dans une petite casserole. Chauffer en remuant jusqu'à ce que la préparation bouille et épaississe. Retirer du feu. Réserver.

Incorporer les 8 prochains ingrédients en remuant. Ajouter le tout au poivron rouge. Laisser refroidir.

Ajouter les cubes de fromage et les olives. Bien remuer. Couvrir. Laisser mariner au réfrigérateur pendant plusieurs heures ou jusqu'au lendemain, en remuant de temps en temps. Bien égoutter. Donne 400 mL (1⅔ tasse) de garniture.

Poser les tranches de baguette sur un plat à griller non graissé. Griller 1 côté des tranches au four. Avec une écumoire, dresser 15 mL (1 c. à soupe) du mélange de fromage sur chaque tranche. Griller au four jusqu'à ce que le dessus soit doré. Donne environ 24 canapés.

1 canapé : 86 calories; 2,5 g de matières grasses; 175 mg de sodium; 4 g de protéines; 11 g de glucides; trace de fibres alimentaires

Photo à la page 89.

CANAPÉS DE CREVETTES AU CARI

Ces hors-d'œuvre, légèrement relevés au cari, disparaissent vite.

Huile de cuisson	2 c. à thé	10 mL
Oignon haché	½ tasse	125 mL
Champignons frais, tranchés	½ tasse	125 mL
Carottes, râpées	⅓ tasse	75 mL
Gousse d'ail, émincée (ou 1 mL, ¼ c. à thé, de poudre d'ail)	1	1
Liquide des crevettes réservé		
Bouillon de légumes (ou de fruits de mer) en poudre	1 c. à thé	5 mL
Poudre de cari	½ c. à thé	2 mL
Crevettes cocktail (ou en morceaux), en conserve, égouttées et rincées, liquide réservé	4 oz	113 g
Fromage à la crème léger, ramolli	4 oz	125 g
Tranches de pain de mie blanc (ou de blé entier), croûte ôtée	10	10
Noix de coco moyenne, une pincée (facultatif)		

Faire chauffer l'huile dans une poêle à frire. Y ajouter l'oignon, les champignons, les carottes et l'ail et les faire revenir jusqu'à ce que l'oignon soit mou.

Incorporer le liquide des crevettes, le bouillon en poudre et la poudre de cari en remuant. Cuire jusqu'à ce qu'il ne reste pratiquement plus de liquide. Retirer du feu.

Ajouter les crevettes et le fromage à la crème et écraser le tout jusqu'à obtenir un mélange qui puisse être tartiné. Donne 300 mL (1¼ tasse) de tartinade aux crevettes.

Faire griller 1 côté des tranches de pain. Étaler 30 mL (2 c. à soupe) de tartinade sur le côté non grillé de chaque tranche. Couper les tranches en pointes grillées, page 14. Répandre la noix de coco sur la garniture. Poser les pointes sur une plaque à pâtisserie non graissée. Griller au four, à environ 15 cm (6 po) de l'élément chauffant, jusqu'à ce que les canapés soient chauds et que la noix de coco soit dorée. Donne environ 40 canapés.

1 canapé : 30 calories; 1 g de matières grasses; 81 mg de sodium; 2 g de protéines; 4 g de glucides; trace de fibres alimentaires

Variante : Omettre la noix de coco. Faire griller au four, puis garnir d'un feston de sauce pour fruits de mer ou de chutney aux mangues.

GARNITURE AU BACON ET AU FROMAGE

Remplir les coupes grillées, page 14, ou des petits vol-au-vent avec environ 7 mL (½ c. à soupe) de garniture, ou l'employer comme tartinade. Un bon goût de bacon, relevé par la ciboulette.

Tranches de bacon	4	4
Fromage à la crème léger, ramolli	4 oz	125 g
Lait	1½ c. à soupe	25 mL
Ciboulette déshydratée (ou oignon vert), hachée	1 c. à soupe	15 mL

Cuire le bacon dans une poêle à frire jusqu'à ce qu'il soit croustillant. Égoutter et laisser refroidir, puis émietter ou hacher le bacon.

Bien écraser le fromage à la crème avec le lait dans un petit bol. Incorporer le bacon et la ciboulette. Donne 150 mL (⅔ tasse).

7 mL (½ c. à soupe) : 17 calories; 1,4 g de matières grasses; 68 mg de sodium; 1 g de protéines; trace de glucides; 0 g de fibres alimentaires

SPIRALES AU JAMBON

Peuvent être préparées la veille ou à l'avance et surgelées.

Flocons de jambon, en conserve	6½ oz	184 g
Sauce à salade (ou mayonnaise)	3 c. à soupe	50 mL
Sauce Worcestershire	1 c. à soupe	15 mL
Moutarde préparée	1 c. à thé	5 mL
Poudre d'oignon	¼ c. à thé	1 mL
Miche de pain blanc (ou de blé entier) non tranché, tranché sur la longueur (à la boulangerie)	1	1
Margarine dure (ou beurre), ramollie	¼ tasse	60 mL
Cornichons gherkin, environ	9	9

Écraser les 5 premiers ingrédients ensemble dans un petit bol avec une fourchette.

Enlever la croûte de 3 longues tranches de pain. Aplatir légèrement chaque tranche avec un rouleau à pâtisserie. Les tartiner entièrement d'une mince couche de margarine, puis répandre le mélange de jambon sur le dessus, en allant jusqu'au bord. Aligner les cornichons bout à bout à l'une des extrémités courtes des tranches. Enrouler les tranches et les poser dans un contenant, avec le rebord au fond. Recouvrir d'un torchon humide. Réfrigérer. Au moment de servir, couper chaque rouleau de pain en 12 tranches. Donne 36 spirales en tout.

1 spirale : 65 calories; 3,3 g de matières grasses; 185 mg de sodium; 2 g de protéines; 7 g de glucides; trace de fibres alimentaires

HOUPPETTES DE CRABE

Un hors-d'œuvre savoureux et coloré. La congélation est déconseillée.

Sauce à salade (ou mayonnaise)	2 c. à soupe	30 mL
Lait	3 c. à soupe	50 mL
Moutarde préparée	1 c. à thé	5 mL
Sauce aux piments	1/8 c. à thé	0,5 mL
Jus de citron	1 c. à thé	5 mL
Persil en flocons	1/2 c. à thé	2 mL
Poudre d'oignon	1/4 c. à thé	1 mL
Sel	1/4 c. à thé	1 mL
Piments doux, hachés	1 c. à soupe	15 mL
Chair de crabe, en conserve, égouttée, cartilage ôté	4 1/2 oz	120 g
Farine tout usage	1 c. à thé	5 mL
Gros blancs d'œufs, à la température de la pièce	3	3
Tranches de pain de mie blanc (ou de blé entier), croûte ôtée	12	12
Mozzarella partiellement écrémé, râpé	3/4 tasse	175 mL
Lanières de piments doux (ou tranches d'olives vertes farcies aux piments doux)	48	48

Combiner les 11 premiers ingrédients dans un bol moyen, dans l'ordre.

Monter les blancs d'œufs en neige ferme dans un petit bol. Les incorporer au premier mélange en pliant.

Poser les tranches de pain sur une plaque à pâtisserie non graissée. Étaler environ 30 mL (2 c. à soupe) du mélange de crabe sur chaque tranche. Répandre le fromage sur le dessus. Poser des morceaux de piments doux de part et d'autre de la garniture. Cuire au four à 350 °F (175 °C) 15 à 20 minutes, jusqu'à ce que la garniture soit dorée et gonflée. Couper chaque tranche en pointes grillées, page 14. Donne 48 pointes.

*1 **pointe** : 37 calories; 1,3 g de matières grasses; 95 mg de sodium; 2 g de protéines; 5 g de glucides; trace de fibres alimentaires*

POINTES GRILLÉES À L'OIGNON

Une fois grillée, la garniture est orange et épicée.

Sauce à salade (ou mayonnaise)	1/2 tasse	125 mL
Oignon rouge, haché fin	1/2 tasse	125 mL
Paprika	1 c. à thé	5 mL
Poivre de Cayenne	1/8 c. à thé	0,5 mL
Sel	1/8 c. à thé	0,5 mL
Poivre, une petite pincée		

(suite...)

Tranches de pain de mie blanc (ou de blé entier), croûte ôtée	6	6

Combiner les 6 premiers ingrédients dans un petit bol. Donne 250 mL (1 tasse).

Poser les tranches de pain dans un plat à griller non graissé. Faire griller 1 côté des tranches de pain. Les retourner et étaler environ 37 mL (2½ c. à soupe) du mélange à l'oignon sur le côté non grillé. Griller au four, à environ 15 cm (6 po) de l'élément chauffant, pendant 4 minutes jusqu'à ce que la garniture bouillonne. Surveiller étroitement la cuisson. Couper les tranches en pointes grillées, page 14. Donne 24 pointes.

1 pointe : 44 calories; 2,7 g de matières grasses; 79 mg de sodium; 1 g de protéines; 4 g de glucides; trace de fibres alimentaires

CANAPÉS DE FILET

Un canapé qui se prépare à l'avance et dont le succès est assuré.

Sauce soja	3 c. à soupe	50 mL
Ketchup	3 c. à soupe	50 mL
Cassonade, tassée	3 c. à soupe	50 mL
Sherry (ou sherry sans alcool)	3 c. à soupe	50 mL
Colorant alimentaire rouge	1 c. à thé	5 mL
Filet de porc	1 lb	454 g
Ronds grillés, page 14	24	24
Margarine dure (ou beurre), ramollie	2 c. à soupe	30 mL

Combiner les 5 premiers ingrédients dans un petit bol. Verser le tout dans un sac de plastique muni d'une fermeture.

Mettre le filet de porc dans le sac. Sceller le sac. Laisser mariner au réfrigérateur toute la journée ou la nuit, en retournant le sac de temps en temps. Sortir le porc de la marinade et le poser dans un plat carré non graissé de 20 ou de 22 cm (8 ou 9 po). Cuire au four à découvert à 375 °F (190 °C) pendant 20 minutes. Badigeonner de marinade. Poursuivre la cuisson pendant 10 à 20 minutes, jusqu'à ce que le porc soit à point. Réfrigérer. Couper le porc en tranches de 3 mm (⅛ po).

Tartiner de margarine 1 côté de chaque rond grillé. Poser le porc sur le côté tartiné et servir. Donne 96 canapés.

1 canapé : 23 calories; 0,5 g de matières grasses; 71 mg de sodium; 1 g de protéines; 3 g de glucides; trace de fibres alimentaires

COUPES GRILLÉES

Un récipient qui se prépare rapidement et simplement pour servir une tartinade ou une mousse.

Tranches de pain de mie blanc (ou de blé entier), croûte ôtée	9	9

Couper chaque tranche de pain en 4 carrés. Enfoncer les morceaux dans les cavités d'une plaque à muffins non graissée. Cuire dans le bas du four à 350 °F (175 °C) environ 15 minutes, jusqu'à ce que les coupes soient dorées. Laisser refroidir. Ranger dans un sac de plastique ou un récipient hermétique. Garnir au moment de servir ou laisser chacun garnir sa coupe. Donne 36 coupes.

1 coupe grillée : 17 calories; 0,2 g de matières grasses; 32 mg de sodium; 1 g de protéines; 3 g de glucides; trace de fibres alimentaires

Variante : Beurrer légèrement les deux côtés des tranches avant de presser le pain dans le moule. On peut aussi couper le pain en ronds de 6,4 cm (2¹/₂ po), le beurrer des deux côtés, puis l'enfoncer dans le moule. La méthode de cuisson ne change pas.

POINTES GRILLÉES : Poser les tranches de pain entières dans un plat à griller non graissé. Les faire dorer légèrement au four, sous le gril. ❶ Couper chaque tranche au centre pour faire 2 rectangles, puis couper chaque rectangle de coin en coin pour faire 4 triangles allongés.

CARRÉS GRILLÉS : Poser les tranches de pain entières dans un plat à griller non graissé. Les faire dorer légèrement au four, sous le gril. ❷ Couper chaque tranche en 4 carrés et non en triangles allongés.

TRIANGLES GRILLÉS : Poser les tranches de pain entières dans un plat à griller non graissé. Les faire dorer légèrement au four, sous le gril. ❸ Couper chaque tranche en 4 triangles égaux, de coin en coin sur les deux diagonales.

RONDS GRILLÉS : Trancher un petit pain, comme une baguette ou un pain à sous-marin, en tranches rondes. Griller 1 côté des tranches ou les laisser nature.

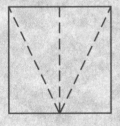 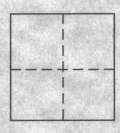 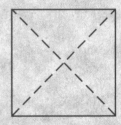

❶ Pointes Grillées ❷ Carrés Grillés ❸ Triangles Grillés

CARRÉS AUX FRUITS DE MER

On peut préparer ces hors-d'œuvre à l'avance, puis les réchauffer sous couvert.

Préparation à biscuits de pâte	2 tasses	500 mL
Lait	½ tasse	125 mL
Poudre d'oignon	¼ c. à thé	1 mL
Cheddar fort ou mi-fort, râpé	1 tasse	250 mL
Monterey Jack, râpé	1 tasse	250 mL
Crevettes en morceaux, en conserve, égouttées et rincées	2 × 4 oz	2 × 113 g
Chair de crabe, en conserve, égouttée, cartilage ôté	5 oz	142 g
Gros œufs	6	6
Crème légère (demi-grasse)	2 tasses	500 mL
Sel	½ c. à thé	2 mL
Poivre	¼ c. à thé	1 mL

Combiner la préparation à biscuits de pâte avec le lait et la poudre d'oignon dans un bol moyen jusqu'à obtenir une boule molle. Presser la pâte dans le fond d'un plat non graissé de 22 × 33 cm (9 × 13 po). Cuire au four à 375 °F (190 °C) pendant 15 minutes pour cuire partiellement la pâte.

Répandre les deux fromages, les crevettes et le crabe sur la pâte.

Battre les œufs dans un bol moyen jusqu'à ce qu'ils moussent. Ajouter la crème, le sel et le poivre. Mélanger. Verser le tout dans le plat. Cuire environ 35 minutes, jusqu'à ce qu'un couteau introduit au centre du plat en ressorte propre. Laisser reposer pendant 5 à 10 minutes. Couper en carrés. Donne 54 carrés.

1 carré : 65 calories; 3,7 g de matières grasses; 151 mg de sodium; 4 g de protéines; 4 g de glucides; trace de fibres alimentaires

CARRÉS AUX CREVETTES

À servir comme croque-en-doigt ou comme entrée à table.

Tranches de pain de mie blanc (ou de blé entier), croûte ôtée	6	6
Margarine dure (ou beurre), ramollie	2 c. à soupe	30 mL
Petites crevettes, en conserve, égouttées et rincées	4 oz	113 g
Cheddar mi-fort, râpé	½ tasse	125 mL
Mayonnaise (pas de sauce à salade)	2 c. à soupe	30 mL
Persil en flocons	1 c. à thé	5 mL
Sauce Worcestershire	¼ c. à thé	1 mL
Sel à l'oignon	¼ c. à thé	1 mL

Paprika, une pincée

Poser les tranches de pain sur un plat à griller non graissé. Beurrer légèrement 1 côté des tranches. Couper chaque tranches en 4 carrés plus petits. Faire légèrement dorer au four le côté beurré des carrés, sous le gril. Retourner les carrés et les réserver.

Écraser les crevettes avec le fromage et la mayonnaise dans un bol moyen, en rajoutant de la mayonnaise si le mélange est trop sec. Incorporer le persil, la sauce Worcestershire et le sel à l'oignon. Étaler 7 mL (1½ c. à thé) du mélange de crevettes sur le côté non beurré de chaque carré.

Saupoudrer de paprika. Griller au four jusqu'à ce que la garniture bouillonne. Servir. Donne 24 petits carrés ou une entrée pour 6 personnes.

1 carré : 49 calories; 3 g de matières grasses; 87 mg de sodium; 2 g de protéines; 3 g de glucides; trace de fibres alimentaires

CARRÉS AU CRABE : Remplacer les crevettes par de la chair de crabe.

1. Saucisses en sauce, page 73
2. Trempette-bol aux épinards, page 31
3. Pelures de pommes de terre (Variantes), page 79
4. Saucisses en robe de chambre, page 23
5. Champignons farcis, page 78
6. Pizza méridionale, page 22
7. Pizza au poulet, page 20
8. Roulés au bœuf, page 94

Accessoires fournis par : Clays Handmade Tile & Ceramic, Le Gnome

La bruschetta habituelle, mais pas tout à fait. La couleur rivalise le goût.

CROÛTE À PIZZA DE BASE

Farine tout usage	1½ tasse	375 mL
Levure instantanée	1¼ c. à thé	6 mL
Sel	¼ c. à thé	1 mL
Huile de cuisson	2 c. à soupe	30 mL
Eau très tiède	½ tasse	125 mL

GARNITURE

Sauce à salade (ou mayonnaise)	½ tasse	125 mL
Parmesan râpé	¼ tasse	60 mL
Origan entier déshydraté	1 c. à thé	5 mL
Basilic déshydraté	½ c. à thé	2 mL
Poivre	½ c. à thé	2 mL
Gousses d'ail, émincées (ou 2 mL, ½ c. à thé, de poudre d'ail), facultatif	2	2
Olives noires dénoyautées, hachées	⅓ tasse	75 mL
Tomates italiennes, épépinées et coupées en dés	3	3
Mozzarella partiellement écrémé, râpé	1½ tasse	375 mL

Croûte à pizza de base : Mettre la farine, la levure et le sel dans un robot culinaire muni d'une lame à pétrir.

Mettre le robot en marche, puis verser l'huile et l'eau tiède dans la trémie d'alimentation. Pétrir la pâte environ 30 secondes, puis la laisser reposer, sous couvert, pendant 15 minutes. Abaisser la pâte sur une surface légèrement farinée. La poser sur une tôle à pizza graissée de 30 cm (12 po) ou dans un moule graissé de 22 × 33 cm (9 × 13 po). Piquer toute la pâte, sauf le pourtour, avec une fourchette. Cuire dans le bas du four à 425 °F (220 °C) pendant 8 minutes. Écraser les bulles, s'il y en a. Laisser refroidir légèrement.

Garniture : Bien combiner les 6 premiers ingrédients dans un bol moyen. Étaler le tout sur la croûte.

Répandre les olives, les tomates et le mozzarella sur le dessus. Cuire au four environ 8 minutes. Couper en 16 pointes étroites ou en 24 carrés.

1 pointe : 144 calories; 8,3 g de matières grasses; 193 mg de sodium; 5 g de protéines; 12 g de glucides; 1 g de fibres alimentaires

Photo à la page 89.

Variante : On peut aussi diviser la pâte en 3 pour faire 3 ronds de 18 cm (7 po). Les pointes sont alors moins longues et plus faciles à manger.

PIZZA AU POULET

Les invités se pressent pour remplir leur assiette de ces petites pointes.

CROÛTE À PIZZA ÉCLAIR SUCRÉE

Farine tout usage	2 tasses	500 mL
Poudre à pâte	1 c. à soupe	15 mL
Sucre granulé	1 c. à thé	5 mL
Sel	¼ c. à thé	1 mL
Lait	⅔ tasse	150 mL
Huile de cuisson	1 c. à soupe	15 mL

GARNITURE

Huile de cuisson	2 c. à thé	10 mL
Demi-poitrines de poulet désossées et dépouillées (environ 225 g, ½ lb) coupées en très petits dés	2	2
Oignon haché	¾ tasse	175 mL
Poivron vert, haché	⅓ tasse	75 mL
Poudre d'ail	⅛ c. à thé	0,5 mL
Poudre chili	⅛ c. à thé	0,5 mL
Thym moulu	⅛ c. à thé	0,5 mL
Poivre de Cayenne	⅛ c. à thé	0,5 mL
Sel	1 c. à thé	5 mL
Poivre	⅛ c. à thé	0,5 mL
Salsa épicée	6 c. à soupe	100 mL
Mozzarella partiellement écrémé, râpé	1½ tasse	375 mL

Croûte à pizza éclair : Combiner les 4 premiers ingrédients dans un bol moyen.

Ajouter le lait et l'huile. Remuer jusqu'à obtenir une boule de pâte molle. Poser la pâte sur une surface légèrement farinée. La pétrir 8 fois puis la diviser en 4. Abaisser chaque morceau de pâte en un rond de 18 cm (7 po). Poser les ronds sur une grande plaque à pâtisserie non graissée. Cuire au four à 425 °F (220 °C) pendant 8 minutes pour cuire partiellement la pâte.

Garniture : Faire chauffer l'huile dans une poêle à frire. Ajouter le poulet, l'oignon et le poivron. Faire revenir jusqu'à ce que le poulet ne soit plus rose et que l'oignon soit doré.

Incorporer les 6 prochains ingrédients en remuant.

(suite...)

Étaler le ¼ de la salsa sur chaque croûte. Répandre le mélange de poulet sur la salsa, puis le fromage sur le poulet. Cuire au four pendant 6 minutes, jusqu'à ce que la garniture soit chaude et que le fromage ait fondu. Couper chaque pizza en 8 pointes. Donne 32 pointes.

1 pointe : 66 calories; 1,9 g de matières grasses; 186 mg de sodium; 4 g de protéines; 8 g de glucides; trace de fibres alimentaires

Photo à la page 17.

Remarque : On peut aussi répandre la garniture sur les ronds de pâte non cuite, puis cuire le tout dans le bas du four à 450 °F (230 °C) pendant 10 minutes.

PETITS CROQUE-MONSIEUR

Un goût qui plaît. Il faut s'attendre à en préparer beaucoup.

Cheddar fort, râpé	**1 tasse**	**250 mL**
Oignon, râpé	**2 c. à thé**	**10 mL**
Sauce Worcestershire	**¼ c. à thé**	**1 mL**
Jus de citron	**1½ c. à thé**	**7 mL**
Poivre de Cayenne	**¹⁄₁₆ c. à thé**	**0,5 mL**
Sel	**¼ c. à thé**	**1 mL**
Tranches de pain de mie blanc (ou de blé entier), avec la croûte	**8**	**8**
Margarine dure (ou beurre), ramollie	**3 c. à soupe**	**50 mL**

Bien combiner les 6 premiers ingrédients dans un petit bol.

Poser 4 tranches de pain sur un plan de travail. Répartir le mélange de fromage sur les tranches. L'étaler. Poser les 4 autres tranches de pain sur le mélange de fromage. En tartiner le dessus de margarine. Retourner les 4 sandwiches et tartiner de margarine l'extérieur des tranches qui étaient en dessous. Ôter la croûte. Couper chaque sandwich en 4 carrés. Poser les 16 carrés dans une poêle à frire chaude. Les faire dorer des deux côtés. Servir. Donne 16 croque-monsieur.

1 croque-monsieur : 84 calories; 5,1 g de matières grasses; 179 mg de sodium; 3 g de protéines; 7 g de glucides; trace de fibres alimentaires

PIZZA MÉRIDIONALE

Une croûte éclair décorée de maïs et de poudre chili, au goût du Sud.

CROÛTE À PIZZA ÉCLAIR

Farine tout usage	2 tasses	500 mL
Poudre à pâte	1 c. à soupe	15 mL
Sel	¼ c. à thé	1 mL
Eau	⅔ tasse	150 mL
Huile de cuisson	1 c. à soupe	15 mL

GARNITURE

Huile de cuisson	2 c. à thé	10 mL
Bœuf haché maigre	½ lb	225 g
Oignon haché	½ tasse	125 mL
Poivron vert, haché	¼ tasse	60 mL
Tomates, en conserve, égouttées, hachées et égouttées de nouveau	14 oz	398 mL
Maïs en grains surgelé	½ tasse	125 mL
Poudre chili	1 c. à thé	5 mL
Origan entier déshydraté	½ c. à thé	2 mL
Poudre d'ail	¼ c. à thé	1 mL
Basilic déshydraté	¼ c. à thé	1 mL
Sel	½ c. à thé	2 mL
Poivre	⅛ c. à thé	0,5 mL
Mozzarella partiellement écrémé, râpé	1⅓ tasse	325 mL

Croûte à pizza éclair : Mettre la farine, la poudre à pâte et le sel dans un bol moyen. Remuer.

Ajouter l'eau et l'huile. Remuer jusqu'à obtenir une boule de pâte molle. Poser la pâte sur une surface légèrement farinée. La pétrir 8 fois. La diviser et façonner 4 ronds de 18 cm (7 po) de diamètre. Poser les ronds sur une plaque à pâtisserie graissée.

Garniture : Faire chauffer l'huile dans une poêle à frire. Ajouter le bœuf haché, l'oignon et le poivron et les faire revenir jusqu'à ce que le bœuf ne soit plus rose et que l'oignon et le poivron soient mous et dorés. Égoutter.

Combiner les 8 prochains ingrédients dans un bol moyen. Étaler le ¼ du mélange de maïs sur chaque rond de pâte, puis le ¼ du mélange de bœuf.

(suite...)

Répandre le ¼ du fromage sur chaque rond. Cuire dans le bas du four à 425 °F (220 °C) environ 15 minutes. Couper chaque pizza en 8 pointes, soit 32 pointes en tout.

1 pointe : *64 calories; 2 g de matières grasses; 113 mg de sodium; 4 g de protéines; 8 g de glucides; 1 g de fibres alimentaires*

Photo à la page 17.

SAUCISSES EN ROBE DE CHAMBRE

On peut les servir dès la sortie du four ou les réchauffer plus tard.

Huile de cuisson	**1 c. à thé**	**5 mL**
Saucisses cocktail (ou petites saucisses, coupées en moitiés)	**12**	**12**
Farine tout usage	**1 tasse**	**250 mL**
Sel	**¼ c. à thé**	**1 mL**
Gros œuf	**1**	**1**
Lait	**1¼ tasse**	**300 mL**
Huile de cuisson	**2 c. à soupe**	**30 mL**

Faire chauffer la première quantité d'huile dans une poêle à frire. Ajouter les saucisses et les faire dorer.

Mettre la farine, le sel, l'œuf et le lait dans un petit bol. Battre jusqu'à ce que le mélange soit lisse.

Mettre 2 mL (½ c. à thé) de la seconde quantité de l'huile et 1 une petite saucisse dorée dans chacune des cavités d'une plaque à muffins. Faire chauffer au four à 425 °F (220 °C) pendant 5 minutes. Verser rapidement le mélange de lait dans chaque cavité. Cuire au four pendant 20 minutes, jusqu'à ce que la pâte ait gonflé et doré. Donne 12 saucisses.

1 saucisse : *126 calories; 7,5 g de matières grasses; 227 mg de sodium; 4 g de protéines; 10 g de glucides; trace de fibres alimentaires*

Photo à la page 17.

CANAPÉS AUX CREVETTES

Plus le pain est foncé, plus ils sont jolis.

GARNITURE AUX CREVETTES

Crevettes, en conserve, égouttées et rincées	4 oz	113 g
Sauce à salade (ou mayonnaise)	3 c. à soupe	50 mL
Ketchup	1½ c. à soupe	25 mL
Raifort commercial	¼ c. à thé	1 mL
Petites tranches de pain pain foncé (seigle noir, par exemple)	20	20
Lanières de piments doux, pour décorer		

Garniture aux crevettes : Écraser les 4 premiers ingrédients ensemble dans un petit bol. Donne 200 mL (⅞ tasse) de garniture.

Couper les tranches de pain en ronds de 4,5 cm (¾ po) avec un emporte-pièce. Dresser la garniture à la douille ou à la cuillère sur chaque rond de pain. Décorer avec les piments doux. Donne 20 canapés.

1 canapé : 34 calories; 1,3 g de matières grasses; 75 mg de sodium; 2 g de protéines; 4 g de glucides; trace de fibres alimentaires

BLOCS AU JAMBON

Une garniture onctueuse, qui convient aussi pour les petits choux à la crème, page 88.

GARNITURE AU JAMBON

Flocons de jambon, en conserve, non égoutté	6½ oz	184 g
Sauce à salade (ou mayonnaise)	1½ c. à soupe	25 mL
Relish de cornichons sucrés	1 c. à soupe	15 mL
Ciboulette déshydratée	2 c. à thé	10 mL
Tranches de pain de seigle noir	6	6
Margarine dure (ou beurre), ramollie	2 c. à soupe	30 mL

Garniture au jambon : Défaire le jambon non égoutté dans un petit bol. Ajouter la sauce à salade, le relish et la ciboulette. Bien écraser le tout. Donne 175 mL (¾ tasse) de garniture.

Préparer 2 sandwiches avec 3 tranches de pain et 2 couches de garniture chacun, en beurrant les tranches de part et d'autre de la garniture. Ôter les croûtes. Couper chaque sandwich entre 4 tranches de 2,5 cm (1 po) de largeur. Poser les tranches à plat. Couper chacune d'elle en trois. Servir les blocs posés sur leur côté. Donne 24 blocs.

1 bloc : 48 calories; 3 g de matières grasses; 160 mg de sodium; 2 g de protéines; 4 g de glucides; trace de fibres alimentaires

RUBANS D'ŒUFS

Ces jolis petits sandwiches plaisent à tous.

Gros œufs durs, hachés	6	6
Céleri, en dés fins	¼ tasse	60 mL
Sauce à salade (ou mayonnaise)	¼ tasse	60 mL
Relish de cornichons sucrés	2 c. à soupe	30 mL
Poudre d'oignon	¼ c. à thé	1 mL
Sel	½ c. à thé	2 mL
Tranches de pain foncé de la veille	8	
Tranches de pain blanc de la veille	4	
Margarine dure (ou beurre), ramollie	¼ tasse	60 mL

Combiner les 6 premiers ingrédients dans un petit bol.

Préparer chaque sandwich avec 2 tranches de pain foncé et 1 tranche de pain blanc. Beurrer légèrement 1 côté de chaque tranche de pain foncé. Étaler le ⅛ du mélange d'œuf sur une des tranches de pain foncé. Beurrer légèrement les 2 côtés de la tranche de pain blanc. La poser sur la tranche de pain foncé, sur le mélange d'œufs. Étaler le ⅛ du mélange d'œufs sur la tranche de pain blanc. Poser la seconde tranche de pain foncé sur le mélange d'œufs étalé sur le pain blanc, côté beurré contre le mélange d'œufs. Refaire ces étapes avec les 6 autres tranches de pain foncé et les 3 autres tranches de pain blanc, pour faire 4 blocs en tout. Ôter les croûtes. Envelopper chaque bloc. Réfrigérer. Au moment de servir, couper chaque bloc en tranches de 12 mm (½ po), puis recouper chaque tranche en 3 ou 4 petits sandwiches. Donne environ 48 rubans.

1 ruban : 42 calories; 2,5 g de matières grasses; 92 mg de sodium; 1 g de protéines; 4 g de glucides; trace de fibres alimentaires

RONDS AU SÉSAME

Peuvent être servis chauds ou froids.

Tranches de pain blanc (ou de blé entier ou de seigle noir)	12	12
Margarine dure (ou beurre), ramollie	½ tasse	125 mL
Graines de sésame grillées	⅓ tasse	75 mL

Couper 4 ronds de 4,5 cm (1¾ po) de diamètre à l'emporte-pièce avec chaque tranche de pain. Beurrer généreusement 1 côté de chaque rond, en allant bien jusqu'au bord. Presser le côté beurré dans les graines de sésame pour le recouvrir. Poser les ronds, avec les graines sur le dessus, sur une plaque à pâtisserie graissée. Cuire au four à 350 °F (175 °C) environ 15 minutes, jusqu'à ce qu'ils soient dorés. Donne 48 ronds.

1 rond : 41 calories; 2,8 g de matières grasses; 56 mg de sodium; 1 g de protéines; 3 g de glucides; trace de fibres alimentaires

Photo à la page 107.

CROÛTONS GRATINÉS

Ces bouchées recouvertes de fromage sont fameuses. On peut réduire la recette de moitié.

Miche de pain blanc (ou de blé entier) de la veille, non tranchée, croûte ôtée	1	1
Margarine dure (ou beurre)	1 tasse	250 mL
Fromage à la crème	8 oz	250 g
Cheddar fort, râpé	3 tasses	750 mL
Sauce Worcestershire	2 c. à thé	10 mL
Gros blancs d'œufs, à la température de la pièce	4	4

Couper la miche de pain en cubes de 2,5 cm (1 po). Mettre les morceaux de pain au congélateur pendant environ 30 minutes, jusqu'à ce qu'ils soient partiellement surgelés.

Combiner les 4 prochains ingrédients dans un bain-marie, au-dessus d'un bain d'eau frémissante. Remuer souvent à mesure que les ingrédients fondent. Retirer du feu.

Monter les blancs d'œufs en neige ferme dans un petit bol. Les incorporer complètement au mélange chaud, en pliant. Piquer les cubes de pain partiellement gelés avec une fourchette. Les tremper dans le mélange chaud pour les enrober, puis les poser sur une plaque à pâtisserie non graissée. Réfrigérer toute la journée ou jusqu'au lendemain. Au moment de servir, cuire les croûtons au four à 400 °F (205 °C) environ 10 minutes, jusqu'à ce qu'ils soient légèrement dorés. On peut aussi surgeler les croûtons sur des plaques, les entreposer dans un contenant de plastique, puis les décongeler avant la cuisson. Donne environ 120 croûtons.

1 croûton : 43 calories; 3,4 g de matières grasses; 64 mg de sodium; 1 g de protéines; 2 g de glucides; trace de fibres alimentaires

FRIANDS AUX SAUCISSES

Un friand peu ordinaire, enrobé de pain et de fromage. La préparation est rapide.

Saucisses en chapelet (environ 225 g, ½ lb)	8	8
Margarine dure (ou beurre), ramollie	¼ tasse	60 mL
Cheddar mi-fort, râpé	1 tasse	250 mL
Tranches de pain de mie blanc (ou de blé entier), croûte ôtée	8	8

(suite...)

Piquer les saucisses avec la pointe d'un couteau-éplucheur pour que la graisse s'en échappe pendant la cuisson. Faire revenir les saucisses à la poêle. Égoutter. Laisser refroidir.

Battre en crème la margarine et le fromage dans un petit bol.

Aplatir chaque tranche de pain avec un rouleau à pâtisserie. Étaler environ 15 mL (1 c. à soupe) du mélange de fromage des deux côtés de chaque tranche. Poser une saucisse à 1 extrémité. Enrouler la saucisse bien serré dans la tranche de pain. Préparer ainsi toutes les tranches. Les poser sur une plaque à pâtisserie graissée. Cuire au four à 375 °F (190 °C) environ 12 minutes, jusqu'à ce que les saucisses soient très chaudes. Trancher chaque saucisse en 3 morceaux. Donne 24 friands.

1 friand : 78 calories; 5,6 g de matières grasses; 133 mg de sodium; 3 g de protéines; 4 g de glucides; trace de fibres alimentaires

BOUCHÉES GRILLÉES AU FROMAGE

Tout le monde adore ces minuscules sandwiches.

Tranches de pain de mie blanc (ou de blé entier), croûte ôtée	3	3
Monterey Jack au poivre, tranché	3 oz	85 g
Tranches de pain de mie blanc (ou de blé entier), croûte ôtée	3	3
Gelée de piments jalapeño	3 c. à soupe	50 mL
Cheddar mi-fort, tranché mince	3 oz	85 g
Tranches de pain de mie blanc (ou de blé entier), croûte ôtée	3	3
Gros œufs, battus à la fourchette	2	2
Eau	¼ tasse	60 mL

Poser 3 tranches de pain sur un plan de travail. Répartir le Monterey Jack sur les tranches. Poser une deuxième tranche de pain sur chacune des trois premières. Étaler 15 mL (1 c. à soupe) de gelée de piments jalapeño sur chaque tranche, puis poser le cheddar sur la gelée et enfin, les trois dernières tranches de pain. Couper chaque sandwich en 4 carrés.

Mêler l'œuf et l'eau dans un petit bol. Tremper le dessus et le dessous de chaque carré dans le mélange d'œuf. Faire dorer des deux côtés dans une poêle à frire chaude bien graissée. On peut préparer ces bouchées à l'avance, les congeler en une couche sur un plateau, puis les ranger au congélateur dans un récipient hermétique. Elles peuvent être dégelées et mangées froides ou réchauffées au four à 350 °F (175 °C) environ 5 minutes. Donne 12 bouchées.

1 bouchée : 127 calories; 5,9 g de matières grasses; 197 mg de sodium; 6 g de protéines; 12 g de glucides; trace de fibres alimentaires

PETITS PAINS AU BŒUF

Avec des petits pains, on obtient un hors-d'œuvre; avec des pains plus gros, un dîner.

Bœuf à ragoût, coupé en cubes de 2 cm (¾ po)	1½ lb	680 g
Eau, pour couvrir		
Sel	1 c. à thé	5 mL
Poivre	½ c. à thé	2 mL
Huile de cuisson	2 c. à thé	10 mL
Oignon moyen, haché	1	1
Chou, râpé, tassé	⅔ tasse	150 mL
Gingembre frais, râpé	1 à 2 c. à soupe	15 à 30 mL
Sauce soja	¼ tasse	60 mL
Oignons verts, hachés fin	¼ tasse	60 mL
Cassonade, tassée	2 c. à soupe	30 mL
Sel	½ c. à thé	2 mL
Piments forts déshydratés broyés	½ c. à thé	2 mL
Poudre d'ail	¼ c. à thé	1 mL
Fécule de maïs	2 c. à thé	10 mL
Agent brunisseur liquide	2 c. à thé	10 mL
Pâte à petits pains surgelée, dégelée (voir remarque)	30	30
Gros œuf, battu à la fourchette	1	1
Graines de sésame (non grillées)	1 c. à soupe	15 mL

Faire doucement bouillir le bœuf dans l'eau additionnée de la première quantité de sel dans une grande casserole pendant au moins 1½ heure, jusqu'à ce qu'il soit très tendre. Égoutter et réserver 150 mL (⅔ tasse) de l'eau de cuisson. Laisser le bœuf refroidir puis le réduire en lanières au robot culinaire.

Faire chauffer l'huile dans une grande poêle à frire. Ajouter l'oignon et le faire revenir jusqu'à ce qu'il soit mou.

Ajouter le chou et le gingembre et faire revenir jusqu'à ce que le chou soit mou.

Incorporer les 6 prochains ingrédients en remuant.

Combiner l'eau de cuisson réservée avec la fécule de maïs et l'agent brunisseur dans une petite tasse. Incorporer ce mélange au chou et remuer jusqu'à ce que la préparation bouille et épaississe. Ajouter le bœuf. Remuer. Laisser refroidir. Donne environ 875 mL (3½ tasses) de garniture.

(suite...)

Ouvrir les petits pains puis abaisser chaque moitié en un rond de 6,4 cm (2½ po). Déposer à peine 15 mL (1 c. à soupe) de garniture au centre de chaque rond. Humecter le bord de la pâte puis le ramener sur la garniture. Pincer le bord pour le sceller. Poser les morceaux de pâte, côté scellé en dessous, à 2,5 cm (1 po) les uns des autres, sur 2 plaques à pâtisserie graissées de 28 x 43 cm (11 x 17 po). Couvrir chaque plaque à pâtisserie avec un torchon humide. Laisser reposer dans le four fermé, avec la lumière allumée, environ 40 minutes jusqu'à ce que les pains aient doublé de volume.

Badigeonner les pains d'œuf et les saupoudrer de graines de sésame. Cuire au four à 375 °F (190 °C) environ 15 minutes, jusqu'à ce qu'ils soient légèrement dorés. Donne 60 petits pains.

1 petit pain : 102 calories; 2,7 g de matières grasses; 290 mg de sodium; 5 g de protéines; 14 g de glucides; 1 g de fibres alimentaires

Photo à la page 125.

Remarque : Pour faire des petits pains plus gros, ne pas ouvrir les petits pains; abaisser chaque morceau de pâte en un rond de 10 cm (4 po) et déposer environ 25 mL (1½ c. à soupe) de garniture au bœuf au centre. Cuire environ 20 minutes. Donne 30 pains farcis.

TOURS AU THON

Les pommes râpées donnent un goût particulier. Le contraste entre le pain et la garniture est attrayant.

GARNITURE AU THON

Thon émietté, en conserve, égoutté	6½ oz	184 g
Pomme pelée, râpée	⅓ tasse	75 mL
Céleri, haché fin	¼ tasse	60 mL
Relish de cornichons sucrés	1 c. à thé	5 mL
Poudre d'oignon	¼ c. à thé	1 mL
Sauce à salade (ou mayonnaise)	¼ tasse	60 mL
Sel	⅛ c. à thé	0,5 mL
Tranches de pain cocktail foncé (pain de seigle noir par exemple)	60	60
Margarine dure (ou beurre), ramollie	3 c. à soupe	50 mL
Tranches d'olives vertes farcies de piments doux, pour décorer		

Garniture au thon : Combiner les 7 premiers ingrédients dans un bol moyen. Donne 325 mL (1⅓ tasse) de garniture.

Couper des ronds de 3,8 cm (1½ po) dans chaque tranche de pain. Étaler de la margarine et 7 mL (1½ c. à thé) de garniture sur 2 tranches. Couvrir avec une troisième tranche. Répéter ces étapes jusqu'à ce qu'il ne reste plus de garniture et de pain. Donne 20 tours.

1 tour : 91 calories; 3,7 g de matières grasses; 200 mg de sodium; 4 g de protéines; 11 g de glucides; 1 g de fibres alimentaires

BOULES DE FARCE

L'arôme et le goût rivalisent!

Oignon haché	¼ tasse	60 mL
Céleri, haché	¼ tasse	60 mL
Margarine dure (ou beurre)	2 c. à soupe	30 mL
Maïs en crème, en conserve	¾ tasse	175 mL
Eau	¼ tasse	60 mL
Persil en flocons	1 c. à thé	5 mL
Assaisonnement pour volaille	1 c. à thé	5 mL
Sel	½ c. à thé	2 mL
Poivre	⅛ c. à thé	0,5 mL
Gros œufs, battus à la fourchette	2	2
Chapelure fine	2 tasses	500 mL
Minces tranches de bacon (environ 680 g, 1½ lb)	20	20

Faire revenir l'oignon et le céleri dans la margarine, dans une petite poêle à frire, jusqu'à ce qu'ils soient mous.

Combiner le maïs, l'eau, le persil, l'assaisonnement pour volaille, le sel et le poivre dans un grand bol. Incorporer les œufs en remuant. Ajouter le mélange d'oignon et de céleri.

Ajouter la chapelure. Bien mélanger. Réfrigérer pendant 30 minutes. Façonner des boulettes de 2,5 cm (1 po).

Couper les tranches de bacon en deux. Envelopper chaque boulette de bacon et le fixer avec un cure-dents en bois. Au moment de servir, poser les boulettes sur une plaque à pâtisserie non graissée. Cuire au four à 400 °F (205 °C) pendant 10 minutes. Égoutter. Retourner les boulettes et les cuire 10 minutes de plus, jusqu'à ce que le bacon soit cuit et doré. Égoutter sur un essuie-tout. Donne environ 40 boulettes.

4 boules : *54 calories; 2,7 g de matières grasses; 152 mg de sodium; 2 g de protéines; 5 g de glucides; trace de fibres alimentaires*

TREMPETTE RELEVÉE AU CARI

Le cari n'est ni trop présent, ni trop subtil. On peut rajuster l'assaisonnement au goût. Servir avec des crudités.

Sauce à salade (ou mayonnaise)	1 tasse	250 mL
Oignon en flocons	1 c. à soupe	15 mL
Raifort commercial	2 c. à thé	10 mL
Poudre de cari	1 c. à thé	5 mL
Sel	1 c. à thé	5 mL
Lait	½ tasse	125 mL

Combiner les 6 ingrédients dans un petit bol. Donne 325 mL (1⅓ tasse).

15 mL (1 c. à soupe) : 59 calories; 5,6 g de matières grasses; 196 mg de sodium; trace de protéines; 2 g de glucides; trace de fibres alimentaires

TREMPETTE-BOL AUX ÉPINARDS

La recette est généreuse, mais elle donne le plat de service aussi! Servir avec des crudités, des morceaux de pain et des craquelins.

Épinards hachés surgelés, dégelés et essorés	10 oz	300 g
Sauce à salade (ou mayonnaise)	1 tasse	250 mL
Crème sure	1 tasse	250 mL
Oignon haché	½ tasse	125 mL
Sachet de préparation pour soupe aux légumes	1 x 1½ oz	1 x 45 g
Châtaignes d'eau, en conserve, égouttées	10 oz	284 mL
Miche de pain ronde, vidée	1	1

Mettre les 4 premiers ingrédients dans le mélangeur. Combiner jusqu'à ce que le mélange soit lisse, puis le verser dans un bol moyen.

Incorporer la préparation pour soupe et les châtaignes d'eau en remuant. Couvrir. Réfrigérer pendant au moins 2 heures. Donne 925 mL (3¾ tasses).

Remplir la miche de pain de trempette. Servir à la température de la pièce ou envelopper la miche dans du papier d'aluminium et la chauffer au four à 300 °F (150 °C) pendant 2 à 3 heures.

30 mL (2 c. à soupe) de trempette seulement : 63 calories; 5,4 g de matières grasses; 132 mg de sodium; 1 g de protéines; 3 g de glucides; trace de fibres alimentaires

Photo à la page 17.

GUACAMOLE

Une trempette bien épicée, verte avec des brins de tomate. Servir avec des croustilles de maïs, des croustilles tortilla ou des crudités.

Avocats moyens, pelés et écrasés	2	2
Jus de lime (ou de citron)	3 c. à soupe	50 mL
Oignon blanc (ou rouge), haché fin	2 c. à soupe	30 mL
Tomate moyenne, épépinée et coupée en dés	1	1
Poudre chili	1 c. à thé	5 mL
Poudre d'ail	1/4 c. à thé	1 mL
Poivre de Cayenne	1/4 c. à thé	1 mL
Sel	1 c. à thé	5 mL
Poivre	1/4 c. à thé	1 mL

Combiner les 9 ingrédients dans un bol moyen. Donne 425 mL (1¾ tasse).

15 mL (1 c. à soupe) : 24 calories; 2,1 g de matières grasses; 96 mg de sodium; trace de protéines; 2 g de glucides; trace de fibres alimentaires

Photo à la page 35.

CHILI CON QUESO

Une trempette attrayante. On peut remplacer le Monterey Jack par du Jack au poivre. Servir dans plat-réchaud ou un caquelon et accompagnée des indispensables croustilles tortilla.

Lait écrémé évaporé	13½ oz	385 mL
Farine tout usage	3 c. à soupe	50 mL
Tomates étuvées, en conserve, égouttées, hachées et égouttées de nouveau	14 oz	398 mL
Piments verts hachés, en conserve, égouttés	4 oz	114 mL
Poudre chili	1/2 c. à thé	2 mL
Poudre d'ail	1/8 c. à thé	0,5 mL
Poivre de Cayenne	1/4 c. à thé	1 mL
Sel	1/2 c. à thé	2 mL
Monterey Jack, râpé	3 tasses	750 mL

(suite...)

Combiner le lait évaporé et la farine au fouet dans une grande casserole jusqu'à ce qu'il ne reste plus de grumeaux. Chauffer en remuant jusqu'à ce que la préparation bouille et épaississe.

Ajouter les 7 derniers ingrédients. Remuer souvent jusqu'à ce que le fromage ait fondu. Servir chaud. Donne 1 L (4 tasses).

15 mL (1 c. à soupe) : 28 calories; 1,7 g de matières grasses; 82 mg de sodium; 2 g de protéines; 2 g de glucides; trace de fibres alimentaires

Photo à la page 35.

TREMPETTE CHAUDE AU BROCOLI

Une trempette au fromage épaisse, qui sort de l'ordinaire. Servir dans un plat-réchaud accompagnée de biscottes, de craquelins, de croustilles de maïs et de ronds de pain grillé.

Brocoli haché surgelé	10 oz	300 g
Eau	1 tasse	250 mL
Margarine dure (ou beurre)	½ tasse	125 mL
Oignon haché	½ tasse	125 mL
Crème de champignons condensée	10 oz	284 mL
Cheddar mi-fort, râpé	2 tasses	500 mL
Poudre d'ail	¼ c. à thé	1 mL
Morceaux de champignons, en conserve, égouttés et hachés	10 oz	284 mL

Cuire le brocoli dans l'eau dans une petite casserole jusqu'à ce qu'il soit à peine tendre. Égoutter. Hacher les gros morceaux.

Faire fondre la margarine dans une grande casserole. Ajouter l'oignon et le faire revenir jusqu'à ce qu'il soit mou et transparent.

Ajouter les 4 derniers ingrédients. Remuer. Ajouter le mélange de brocoli. Chauffer en remuant jusqu'à ce que le fromage ait fondu. Servir chaud. Donne 1 L (4 tasses).

30 mL (2 c. à soupe) : 69 calories; 6 g de matières grasses; 172 mg de sodium; 2 g de protéines; 2 g de glucides; trace de fibres alimentaires

TREMPETTE AUX POIS CHICHES

Servir avec des craquelins ou avec les tortillas de maïs croustillantes, page 115.

Huile de cuisson	2 c. à soupe	30 mL
Oignon haché	1 tasse	250 mL
Petit poivron vert, haché	1	1
Céleri, haché	⅓ tasse	75 mL
Pois chiches, en conserve, égouttés	14 oz	398 mL
Jus de citron	4 c. à thé	20 mL
Origan entier déshydraté	1 c. à thé	5 mL
Poudre d'ail	¼ c. à thé	1 mL
Sel	½ c. à thé	2 mL
Poivre	⅛ c. à thé	0,5 mL

Olives mûres tranchées, pour décorer

Faire chauffer l'huile dans une poêle à frire à revêtement antiadhésif. Ajouter l'oignon, le poivron et le céleri et les faire revenir 10 à 15 minutes jusqu'à ce qu'ils soient mous.

Combiner les 6 prochains ingrédients au robot culinaire ou au mélangeur. Ajouter le mélange d'oignon et combiner le tout jusqu'à ce que la trempette soit lisse.

Au moment de servir, décorer avec les olives tranchées. Donne 425 mL (1¾ tasse).

15 mL (1 c. à soupe) : 24 calories; 1,2 g de matières grasses; 65 mg de sodium; 1 g de protéines; 3 g de glucides; trace de fibres alimentaires

Photo à la page 35. `

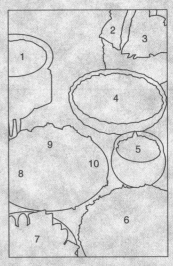

1. Chili Con Queso, page 32
2. Tortillas croustillantes, page 115
3. Croustilles tortilla, page 113
4. Trempette aux haricots rouges, page 37
5. Guacamole, page 32
6. Bouchées aux piments verts, page 52
7. Trempette aux pois chiches, page 34
8. Roulés au fromage, page 97
9. Roulés au chili, page 101
10. Roulés à la mexicaine, page 95

Accessoires fournis par : La Cache, Le Gnome, Scona Clayworks, Stokes, The Basket House, La Baie

TREMPETTE AUX HARICOTS ROUGES

Ceux qui aiment les plats épicés peuvent augmenter la dose de Cayenne. Un plat foncé et savoureux, à servir avec des croustilles tortilla, des crudités ou des croustilles de maïs.

FOND

Haricots rouges, en conserve, égouttés	**2 × 14 oz**	**2 × 398 mL**
Salsa (douce ou moyenne)	**6 c. à soupe**	**100 mL**
Oignon vert, tranché	**½ tasse**	**125 mL**
Poudre chili	**1 c. à thé**	**5 mL**
Poudre d'oignon	**½ c. à thé**	**2 mL**
Poudre d'ail	**¼ c. à thé**	**1 mL**
Vinaigre blanc	**1 c. à thé**	**5 mL**
Persil en flocons	**2 c. à thé**	**10 mL**
Poivre de Cayenne	**¼ c. à thé**	**1 mL**
Sel	**½ c. à thé**	**2 mL**

DESSUS

Cheddar mi-fort, râpé	**1 tasse**	**250 mL**
Monterey Jack, râpé	**1 tasse**	**250 mL**
Poudre chili	**1 c. à thé**	**5 mL**

Fond : Écraser les haricots rouges à la fourchette dans un bol moyen.

Ajouter les 9 prochains ingrédients. Bien mélanger. Étaler le tout dans un moule à tarte non graissé de 22 cm (9 po) ou un plat peu profond.

Dessus : Répandre le cheddar en une couche sur le fond, puis le Monterey Jack. Saupoudrer de poudre chili. Cuire au four à découvert à 350 °F (175 °C) environ 30 minutes. Donne environ 1 L (4 tasses).

15 mL (1 c. à soupe) : 24 calories; 1,2 g de matières grasses; 79 mg de sodium; 2 g de protéines; 2 g de glucides; 1 g de fibres alimentaires

Photo à la page 35.

TREMPETTE AU BLEU

Un goût prononcé, sans être puissant. À servir avec des croustilles ou des crudités, ou encore avec les ailes à la Buffalo, page 69.

Crème sure	1 tasse	250 mL
Fromage à la crème, ramolli	4 oz	125 g
Bleu, émietté	1/2 tasse	125 mL
Raifort commercial	1 c. à thé	5 mL
Jus de citron	1 c. à thé	5 mL
Persil en flocons	1 c. à thé	5 mL
Oignon en flocons, émincé	1 1/2 c. à thé	7 mL
Sel	1/2 c. à thé	2 mL

Écraser les 8 ingrédients dans un petit bol avec une fourchette ou une cuillère. Battre avec un malaxeur électrique jusqu'à ce que la trempette soit légère. Donne 530 mL (2 1/8 tasses).

15 mL (1 c. à soupe) : 30 calories; 2,8 g de matières grasses; 80 mg de sodium; 1 g de protéines; 1 g de glucides; trace de fibres alimentaires

Photo à la page 107.

TREMPETTE AUX FRAISES

Un joli revêtement rose, qui convient pour des fruits ou un gâteau.

Fraises fraîches, coupées en morceaux	1 tasse	250 mL
Sucre granulé	1/4 tasse	60 mL
Fromage cottage en crème, égoutté	1/3 tasse	75 mL
Crème sure	1/3 tasse	75 mL

Combiner les fraises et le sucre dans un petit bol. Remuer. Laisser reposer pendant 10 minutes, en remuant à deux reprises. Égoutter dans une passoire, puis mettre les fraises dans le mélangeur.

Ajouter le fromage cottage et la crème sure. Combiner jusqu'à ce que la trempette soit lisse, puis la verser dans un petit bol. Décorer au goût. Réfrigérer. Donne 375 mL (1 1/2 tasse).

15 mL (1 c. à soupe) : 17 calories; 0,5 g de matières grasses; 15 mg de sodium; 1 g de protéines; 3 g de glucides; trace de fibres alimentaires

TREMPETTE-CHUTNEY AUX MANGUES

Cette trempette convient aussi comme garniture pour les nids de phyllo,
page 85, à raison de 7 mL (1½ c. à thé) chacun. À servir avec un assortiment
de craquelins et de croustilles.

Fromage à la crème tartinable	**8 oz**	**250 g**
Chutney aux mangues, haché	**⅓ tasse**	**75 mL**
Noix de Grenoble (ou pacanes), moulues	**½ tasse**	**125 mL**

Bien combiner les 3 ingrédients dans un petit bol. Donne 375 mL (1½ tasse).

15 mL (1 c. à soupe) : 51 calories; 4,7 g de matières grasses; 30 mg de sodium;
1 g de protéines; 2 g de glucides; trace de fibres alimentaires

Photo sur la couverture.

TREMPETTE AUX CANNEBERGES

Une jolie trempette, faite pour tremper des fruits, mais aussi bonne avec
un hors-d'œuvre à base de viande, comme les boulettes de fête, page 65,
ou les pépites de poulet, page 62.

Gelée de canneberges, en conserve	**14 oz**	**398 mL**
Jus de citron	**2 c. à thé**	**10 mL**
Moutarde préparée	**½ c. à thé**	**2 mL**
Sucre granulé	**2 c. à soupe**	**30 mL**

Combiner les 4 ingrédients dans un petit bol. Bien remuer. Donne 375 mL
(1½ tasse).

15 mL (1 c. à soupe) : 32 calories; trace de matières grasses; 7 mg de sodium;
trace de protéines; 8 g de glucides; trace de fibres alimentaires

Photo à la page 71.

TREMPETTE POUR FRUITS

Une trempette de rêve, qui se prépare en un clin d'œil. À servir avec des fruits.

Fromage à la crème, ramolli	**8 oz**	**250 g**
Bocal de crème de guimauves	**7 oz**	**200 g**
Lait	**2 c. à soupe**	**30 mL**
Jus de citron	**⅛ c. à thé**	**0,5 mL**

Bien battre les 4 ingrédients ensemble. Donne environ 500 mL (2 tasses).

15 mL (1 c. à soupe) : 45 calories; 2,6 g de matières grasses; 25 mg de sodium;
1 g de protéines; 5 g de glucides; 0 g de fibres alimentaires

TREMPETTE ÉPICÉE

Cette trempette à la cannelle est idéale avec des pommes ou d'autres fruits. La verser dans un petit bol et poser le bol au centre d'une grande assiette. Disposer les fruits en rond autour.

Crème sure	1 tasse	250 mL
Cassonade, tassée	2 c. à soupe	30 mL
Cannelle moulue	1/8 c. à thé	0,5 mL
Essence de brandy	1 c. à thé	5 mL

Combiner les 4 ingrédients dans un petit bol. Donne 250 mL (1 tasse).

15 mL (1 c. à soupe) : 29 calories; 2 g de matières grasses; 7 mg de sodium; trace de protéines; 2 g de glucides; trace de fibres alimentaires

TREMPETTE AUX CHAMPIGNONS

Une trempette épaisse, à servir avec des croustilles de pommes de terre ou un assortiment de craquelins.

Margarine dure (ou beurre)	2 c. à soupe	30 mL
Champignons frais, grossièrement hachés (ou petits champignons, tranchés)	4 tasses	1 L
Oignon, haché fin	1/2 tasse	125 mL
Sauce Worcestershire	1 c. à soupe	15 mL
Poudre d'ail	1/2 c. à thé	2 mL
Crème sure légère (voir remarque)	1 1/2 tasse	375 mL
Aneth	1 c. à thé	5 mL

Faire fondre la margarine dans une grande poêle à frire. Ajouter les champignons, l'oignon, la sauce Worcestershire et la poudre d'ail. Faire revenir pendant 20 à 25 minutes, en remuant souvent, jusqu'à ce que l'oignon soit mou et que tout le liquide se soit évaporé.

Incorporer la crème sure et l'aneth. Réchauffer. Verser la trempette dans un plat-réchaud. Donne 625 mL (2 1/2 tasses).

30 mL (2 c. à soupe) : 32 calories; 2,4 g de matières grasses; 30 mg de sodium; 1 g de protéines; 2 g de glucides; trace de fibres alimentaires

Remarque : On peut rajouter jusqu'à 125 mL (1/2 tasse) de crème sure à la trempette si celle-ci épaissit dans le plat-réchaud.

SAUCE AIGRE-DOUCE SIMPLE

La sauce parfaite pour tremper des boulettes.

Cassonade, tassée	1 tasse	250 mL
Fécule de maïs	2 c. à soupe	30 mL
Vinaigre blanc	1/2 tasse	125 mL
Jus d'ananas (ou eau)	1/2 tasse	125 mL

Combiner la cassonade et la fécule de maïs dans une petite casserole.

Ajouter le vinaigre et le jus d'ananas. Porter à ébullition à feu moyen en remuant sans arrêt jusqu'à ce que la sauce épaississe. Donne 325 mL (1 1/3 tasse).

15 mL (1 c. à soupe) : 46 calories; trace de matières grasses; 3 mg de sodium; trace de protéines; 12 g de glucides; trace de fibres alimentaires

Photo à la page 125.

TREMPETTE AUX CHAMPIGNONS ET À L'ANETH

Une trempette savoureuse, à servir avec un assortiment de craquelins, des croustilles ou des crudités.

Margarine dure (ou beurre)	1 c. à thé	5 mL
Champignons frais, hachés fin	1 tasse	250 mL
Oignons verts, hachés	1/2 tasse	125 mL
Fromage à la crème léger, ramolli	4 oz	125 g
Crème sure légère	1/3 tasse	75 mL
Sauce à salade légère (ou mayonnaise)	3 c. à soupe	50 mL
Aneth	1 c. à thé	5 mL
Poudre d'ail	1/8 c. à thé	0,5 mL
Sel	1/8 c. à thé	0,5 mL

Faire chauffer la margarine dans une poêle à frire. Ajouter les champignons et les oignons verts et les faire revenir jusqu'à ce qu'ils soient dorés. Laisser refroidir.

Bien battre les 6 derniers ingrédients ensemble dans un bol moyen, jusqu'à ce que le mélange soit crémeux. Incorporer le mélange de champignons en pliant. Donne 375 mL (1 1/2 tasse).

15 mL (1 c. à soupe) : 15 calories; 0,9 g de matières grasses; 32 mg de sodium; 1 g de protéines; 1 g de glucides; trace de fibres alimentaires

SAUCE POUR BOULETTES

Une sauce qui fait double fonction. En arroser les boulettes de fête, page 65, ou d'autres boulettes ou la servir comme trempette.

Crème sure légère	1 tasse	250 mL
Raifort commercial (pas épicé)	¼ tasse	60 mL
Sel à l'oignon	¼ c. à thé	1 mL
Sel assaisonné	¼ c. à thé	1 mL

Combiner les 4 ingrédients dans un petit bol. Couvrir. Réfrigérer jusqu'au moment de servir. Donne environ 300 mL (1¼ tasse).

15 mL (1 c. à soupe) : 12 calories; 0,8 g de matières grasses; 41 mg de sodium; trace de protéines; 1 g de glucides; trace de fibres alimentaires

Photo à la page 71.

TREMPETTE À L'ORANGE ET À LA NOIX DE COCO

Une trempette jaune pâle, à servir avec des fruits.

Fromage cottage en crème	2 tasses	500 mL
Crème sure	¼ tasse	60 mL
Concentré de jus d'orange surgelé	2 c. à soupe	30 mL
Sucre granulé	2 c. à soupe	30 mL
Noix de coco fine (ou moyenne)	¼ tasse	60 mL
Zeste d'orange, râpé fin, pour décorer		

Verser les 4 premiers ingrédients dans le mélangeur. Combiner jusqu'à ce que le mélange soit lisse, puis le verser dans un bol moyen.

Incorporer la noix de coco en remuant. Décorer de zeste d'orange. Donne 375 mL (1½ tasse).

15 mL (1 c. à soupe) : 30 calories; 1,2 g de matières grasses; 81 mg de sodium; 3 g de protéines; 2 g de glucides; trace de fibres alimentaires

TREMPETTE À L'ANETH DOUBLE

C'est le plaisir qui est doublé. Servir avec des crudités.

Fromage à la crème, ramolli	4 oz	125 g
Crème sure	2 tasses	500 mL
Jus de citron	1 c. à thé	5 mL
Persil en flocons	2 c. à thé	10 mL
Oignon en flocons	2 c. à thé	10 mL
Aneth	2 c. à thé	10 mL
Sel à l'oignon	1 c. à thé	5 mL
Poudre d'ail	½ c. à thé	2 mL
Bocal de morceaux de cornichons à l'aneth épicés, égouttés	13½ oz	375 mL

Combiner les 8 premiers ingrédients dans le mélangeur. Combiner jusqu'à ce que le mélange soit lisse, puis le verser dans un bol moyen.

Incorporer les morceaux de cornichons. Donne 1,1 L (4½ tasses).

15 mL (1 c. à soupe) : 17 calories; 1,5 g de matières grasses; 68 mg de sodium; trace de protéines; 1 g de glucides; trace de fibres alimentaires

TREMPETTE AUX ARTICHAUTS

Une trempette particulièrement bonne, à servir avec des croustilles ou des gros morceaux de pain.

Cœurs d'artichauts, en conserve, égouttés et hachés fin	14 oz	398 mL
Sauce à salade (ou mayonnaise)	¾ tasse	175 mL
Crème sure	¼ tasse	60 mL
Parmesan râpé	½ tasse	125 mL
Sel à l'oignon	1/16 c. à thé	0,5 mL
Poudre d'ail	1/16 c. à thé	0,5 mL
Sauce aux piments	1/16 c. à thé	0,5 mL
Amandes tranchées (ou émincées), grillées au four à 350 °F (175 °C) environ 5 minutes	½ tasse	125 mL
Paprika	½ c. à thé	2 mL

Bien combiner les 7 premiers ingrédients dans un bol moyen. Verser le tout dans un moule à tarte non graissé de 22 cm (9 po). Cuire au four à découvert à 350 °F (175 °C) pendant 15 à 20 minutes, jusqu'à ce que la trempette soit chaude.

Répandre les amandes et le paprika sur le dessus. Donne 500 mL (2 tasses).

15 mL (1 c. à soupe) : 48 calories; 4,1 g de matières grasses; 87 mg de sodium; 1 g de protéines; 2 g de glucides; 1 g de fibres alimentaires

TREMPETTE AUX FINES HERBES

Les légumes et les croustilles vont parfaitement avec cette trempette.

Fromage à la crème, ramolli	8 oz	250 g
Yogourt nature	1 tasse	250 mL
Sauce à salade (ou mayonnaise)	¼ tasse	60 mL
Ciboulette déshydratée, hachée	1 c. à soupe	15 mL
Persil en flocons	1 c. à thé	5 mL
Sel de céleri	½ c. à thé	2 mL
Sel	¼ c. à thé	1 mL
Thym déshydraté	¼ c. à thé	1 mL
Poudre d'ail	¼ c. à thé	1 mL
Basilic déshydraté	¼ c. à thé	1 mL
Poudre d'oignon	¼ c. à thé	1 mL

Paprika, pour décorer

Bien battre les 11 premiers ingrédients ensemble dans un petit bol jusqu'à ce que le mélange soit lisse. Réfrigérer pendant au moins 2 heures avant de servir.

Saupoudrer de paprika. Donne largement 500 mL (2 tasses).

15 mL (1 c. à soupe) : 41 calories; 3,7 g de matières grasses; 80 mg de sodium;
1 g de protéines; 1 g de glucides; trace de fibres alimentaires

TREMPETTE SUCRÉE AU CARI

Servir avec un assortiment de craquelins, de croustilles, de crudités ou de fruits frais. Le cari n'est pas trop prononcé.

Lait condensé sucré à faible teneur en gras	11 oz	300 mL
Vinaigre blanc	⅓ tasse	75 mL
Moutarde sèche	¾ c. à thé	4 mL
Poudre de cari, rajuster au goût	¾ c. à thé	4 mL
Poudre d'ail	⅛ c. à thé	0,5 mL

Bien combiner les 5 ingrédients dans un petit bol. Donne 325 mL (1⅓ tasse).

15 mL (1 c. à soupe) : 60 calories; 0,7 g de matières grasses; 23 mg de sodium;
1 g de protéines; 10 g de glucides; trace de fibres alimentaires

Photo à la page 53.

POMMES ET LEUR TREMPETTE

Un carrousel de pommes tranchées rouge qui donne un hors-d'œuvre très appétissant. Chacun se sert soi-même. Convient aussi pour le dessert.

Fromage à la crème léger, ramolli	**8 oz**	**250 g**
Cassonade, tassée	**¾ tasse**	**175 mL**
Vanille	**1 c. à soupe**	**15 mL**
Pommes rouges, coupées en quartiers étroits (environ 32 en tout)	**2**	**2**
Jus de citron	**¼ tasse**	**60 mL**

Battre le fromage à la crème avec la cassonade et la vanille dans un bol moyen jusqu'à ce que le mélange soit lisse, puis le verser dans un petit bol posé sur une grande assiette.

Tremper les quartiers de pomme dans le jus de citron pour les empêcher de brunir. Les disposer sur l'assiette, autour du bol. Donne 250 mL (1 tasse) de trempette.

15 mL (1 c. à soupe) avec 2 quartiers de pomme : 67 calories; 1,3 g de matières grasses; 75 mg de sodium; 1 g de protéines; 13 g de glucides; trace de fibres alimentaires

TREMPETTE PRINTANIÈRE

Une trempette jaune jonquille, avec des brins oranges et verts, elle est exceptionnellement bonne. Servir avec un assortiment de crudités coupées en bouchées.

Oignon haché	**1 c. à soupe**	**15 mL**
Carottes, râpées, tassées	**⅓ tasse**	**75 mL**
Poivron vert moyen, coupé en morceaux	**½**	**½**
Vinaigre blanc	**1 c. à soupe**	**15 mL**
Sauce à salade (ou mayonnaise)	**½ tasse**	**125 mL**
Préparation de fromage jaune fondu	**½ tasse**	**125 mL**

Mettre les 4 premiers ingrédients dans le mélangeur. Combiner jusqu'à ce que le mélange soit assez lisse, mais non réduit en purée.

Ajouter la sauce à salade et la préparation de fromage. Bien remuer. Meilleure servie le jour même. Donne largement 325 mL (1⅓ tasse).

15 mL (1 c. à soupe) : 47 calories; 4 g de matières grasses; 133 mg de sodium; 1 g de protéines; 2 g de glucides; trace de fibres alimentaires

TREMPETTE CHAUDE AU CRABE

Cette bonne trempette est juste assez relevée. Servir avec un assortiment de craquelins.

Fromage à la crème, ramolli	8 oz	250 g
Vin blanc (ou vin blanc sans alcool)	1 c. à soupe	15 mL
Sauce à salade (ou mayonnaise)	2 c. à soupe	30 mL
Moutarde préparée	½ c. à thé	2 mL
Oignon en flocons	2 c. à thé	10 mL
Sel assaisonné	½ c. à thé	2 mL
Chair de crabe, en conserve, égouttée, cartilage ôté	5 oz	142 g

Mettre les 6 premiers ingrédients dans un petit bol. Battre jusqu'à ce que le mélange soit lisse, puis le verser dans un bain-marie.

Incorporer la chair de crabe au mélange de fromage à la crème en pliant, avec une spatule. Faire chauffer au-dessus d'un bain d'eau frémissante. Donne 400 mL (1⅔ tasse).

15 mL (1 c. à soupe) : 41 calories; 3,7 g de matières grasses; 93 mg de sodium;
1 g de protéines; 1 g de glucides; trace de fibres alimentaires

TREMPETTE AU BACON

Un goût fumé et crémeux. La trempette est épaisse, d'un blanc laiteux avec des brins verts et bruns. Servir avec un assortiment de légumes et des croustilles de pommes de terre. Également bonne tartinée sur des craquelins.

Tranches de bacon, coupées en dés, cuites et égouttées (225 g, ½ lb)	8	8
Crème sure	⅔ tasse	150 mL
Persil en flocons	1 c. à thé	5 mL
Poudre d'oignon	⅛ c. à thé	0,5 mL
Sel à l'ail	⅛ c. à thé	0,5 mL
Poivre de Cayenne	1/16 c. à thé	0,5 mL

Combiner les 6 ingrédients dans un petit bol. Couvrir. Laisser reposer au réfrigérateur pendant une nuit pour que les goûts se mêlent. Donne 250 mL (1 tasse).

15 mL (1 c. à soupe) : 33 calories; 2,9 g de matières grasses; 63 mg de sodium;
1 g de protéines; trace de glucides; trace de fibres alimentaires

Une entrée élégante, surtout avec les petits fromages.

PÂTE

Farine tout usage	¾ tasse	175 mL
Cassonade, tassée	1 c. à thé	5 mL
Poudre à pâte	¼ c. à thé	1 mL
Sel	¼ c. à thé	1 mL
Margarine dure (ou beurre)	6 c. à soupe	100 mL
Eau froide	2 c. à soupe	30 mL
Roues de gouda, enveloppe de cire rouge enlevée	2 × 7 oz	2 × 200 g
Noix de Grenoble (ou pacanes), hachées	½ tasse	125 mL

Pâte : Combiner la farine avec la cassonade, la poudre à pâte et le sel dans un bol moyen. Incorporer la margarine au mélangeur à pâtisserie jusqu'à obtenir un mélange grossier.

Ajouter l'eau froide. Remuer jusqu'à obtenir une boule de pâte, en rajoutant de l'eau au besoin. Diviser la pâte en 4 parties égales. Abaisser chaque morceau de pâte, sur une surface légèrement farinée, en un rond de 15 cm (6 po).

Poser les roues de fromage sur deux des ronds de pâte. Répandre les noix sur le fromage. Poser les 2 autres ronds de pâte sur le dessus. Humecter le bord de la pâte. Pincer le bord pour le sceller. Cuire au four à 425 °F (220 °C) pendant 20 à 25 minutes, jusqu'à ce que la pâte soit légèrement dorée. Couper chaque roue en 10 pointes, soit 20 en tout.

1 pointe : 139 calories; 10,7 g de matières grasses; 243 mg de sodium; 6 g de protéines; 5 g de glucides; trace de fibres alimentaires

PETITS GOUDAS EN CROÛTE :

Pâte, voir ci-dessus

Petites roues de gouda, enveloppe de cire rouge ôtée	6 × ¾ oz	6 × 21 g
Noix de Grenoble (ou pacanes), hachées	2 c. à soupe	30 mL

Diviser la pâte en 12. Abaisser chaque morceau de pâte, sur une surface légèrement farinée, en un rond de 7,5 cm (3 po).

Poser une petite roue de gouda sur 6 des ronds de pâte. Répandre 5 mL (1 c. à thé) de noix sur les fromages. Couvrir avec les 6 autres ronds de pâte. Humecter le bord de la pâte. Pincer le bord pour sceller. Cuire au four à 425 °F (220 °C) pendant 12 à 15 minutes. Donne 6 petits goudas en croûte.

BRIE EN CROÛTE : Remplacer le gouda par du brie.

ŒUFS FARCIS AU CRABE

Ce hors-d'œuvre fait toujours de l'effet. On peut aussi s'en servir pour décorer une salade. Les œufs peuvent être coupés sur la hauteur ou sur la largeur.

Gros œufs durs, écalés	12	12
Mayonnaise (pas de sauce à salade)	1/3 tasse	75 mL
Moutarde préparée	1/2 c. à thé	2 mL
Jus de citron	1/2 c. à thé	2 mL
Aneth	1/8 c. à thé	0,5 mL
Sel assaisonné	1/4 c. à thé	1 mL
Ciboulette, hachée	2 c. à thé	10 mL
Origan entier déshydraté	1/8 c. à thé	0,5 mL
Chair de crabe, en conserve, égouttée, cartilage ôté	1 tasse	250 mL
Paprika, une pincée		

Couper les œufs en deux sur la largeur. En ôter délicatement les jaunes et les mettre dans un petit bol. Poser les blancs sur une surface plane. Réserver. Écraser les jaunes avec une fourchette.

Ajouter les 8 prochains ingrédients. Bien mélanger. Si le mélange est sec, rajouter un peu de lait. Donne 500 mL (2 tasses) de garniture. Remplir les blancs d'œufs de garniture. On peut se servir d'une poche à douille pour faire un joli feston.

Saupoudrer de paprika. Donne 24 moitiés d'œufs farcis.

1 moitié d'œuf farci : 67 calories; 5,3 g de matières grasses; 106 mg de sodium; 4 g de protéines; trace de glucides; trace de fibres alimentaires

Photo à la page 53.

Œufs farcis aux crevettes : Remplacer la chair de crabe par des crevettes fraîches (ou surgelées) cuites et hachées.

FEUILLETÉS AU FROMAGE

La pâte riche renferme des olives vertes. Un hors-d'œuvre épatant.

Margarine dure (ou beurre), ramollie	1/2 tasse	125 mL
Farine tout usage	1 tasse	250 mL
Cheddar fort, râpé, à la température de la pièce	2 tasses	500 mL
Petites olives vertes farcies aux piments doux	30	30

(suite...)

Bien combiner la margarine avec la farine dans un grand bol.

Ajouter le fromage. Bien mélanger, en réchauffant le mélange avec les mains pour bien combiner les ingrédients. Diviser la pâte et façonner des boules de 1 po (2,5 cm).

Écraser chaque boule et envelopper la pâte autour d'une olive, en la scellant. Poser les olives enveloppées en une couche sur une plaque à pâtisserie et les surgeler. Ranger dans un sac de plastique ou un récipient pour la congélation. Cuire les feuilletés surgelés sur une plaque à pâtisserie non graissée à 375 °F (190 °C) pendant 10 à 15 minutes jusqu'à ce qu'ils soient gonflés et légèrement dorés. Donne 2½ douzaines de feuilletés.

1 feuilleté : 117 calories; 10,3 g de matières grasses; 904 mg de sodium; 3 g de protéines; 4 g de glucides; 2 g de fibres alimentaires

CRAQUELINS FINS AU FROMAGE

Des gros craquelins minces, croustillants et fameux. Ils sont jolis présentés dans un panier. Servir avec la trempette double à l'aneth, page 43.

Farine tout usage	2 tasses	500 mL
Cheddar fort, râpé	1 tasse	250 mL
Sucre granulé	1 c. à soupe	15 mL
Bicarbonate de soude	½ c. à thé	2 mL
Sel	½ c. à thé	2 mL
Poudre d'oignon	¼ c. à thé	1 mL
Poivre de Cayenne	¹⁄₁₆ c. à thé	0,5 mL
Huile de cuisson	¼ tasse	60 mL
Eau	½ tasse	125 mL

Mettre les 7 premiers ingrédients dans un bol moyen. Bien remuer.

Ajouter l'huile et l'eau. Remuer jusqu'à obtenir une boule de pâte. Couvrir. Laisser reposer pendant 20 minutes. Diviser la pâte en 4. En abaisser 1 partie sur une surface légèrement farinée. La couper en 8 pointes. Poser les pointes sur une plaque à pâtisserie non graissée. Cuire au four à 375 °F (190 °C) environ 10 minutes, jusqu'à ce que les pointes soient croustillantes et dorées. Cuire le reste de la pâte de la même façon. Donne 32 pointes.

1 pointe : 63 calories; 3,1 g de matières grasses; 87 mg de sodium; 2 g de protéines; 7 g de glucides; trace de fibres alimentaires

BOULETTES DE FROMAGE

Ces petites boulettes combinent à merveille les goûts et les couleurs.

Cheddar fort, râpé	2 tasses	500 mL
Fromage à la crème, ramolli	4 oz	125 g
Sauce Worcestershire	½ c. à thé	2 mL
Jus de citron	1 c. à thé	5 mL
Sel assaisonné	½ c. à thé	2 mL
ENROBAGES		
Graines de sésame grillées	2 c. à soupe	30 mL
Poudre chili	2 c. à thé	10 mL
Aneth	2 c. à thé	10 mL

Combiner les 5 premiers ingrédients dans un bol moyen. Mélanger. Façonner 24 boulettes de la taille d'une noix de Grenoble.

Enrobage : Rouler le ⅓ des boulettes dans les graines de sésame, le ⅓ dans la poudre chili et le ⅓ dans l'aneth. On peut aussi n'utiliser qu'un seul enrobage. Donne 24 boulettes.

1 boulette : 64 calories; 5,5 g de matières grasses; 110 mg de sodium; 3 g de protéines; 1 g de glucides; trace de fibres alimentaires

Photo à la page 53.

CARRÉS AUX ÉPINARDS

Le fromage et les épinards vont naturellement bien ensemble.

Margarine dure (ou beurre)	¼ tasse	60 mL
Gros œufs	3	3
Farine tout usage	1 tasse	250 mL
Lait	1 tasse	250 mL
Sel	1 c. à thé	5 mL
Poudre à pâte	1 c. à thé	5 mL
Havarti, râpé	4 tasses	1 L
Épinards hachés surgelés, dégelés et essorés	2 × 10 oz	2 × 300 g

Faire fondre la margarine dans une grande casserole.

Ajouter les 5 prochains ingrédients. Mélanger.

(suite...)

Ajouter le fromage et les épinards. Remuer. Verser le tout dans un plat graissé de 22 x 33 cm (9 x 13 po). Cuire au four à 350 °F (175 °C) environ 35 minutes, jusqu'à ce que la préparation soit prise et dorée. Laisser refroidir. Couper en 54 carrés.

1 carré : 56 calories; 3,6 g de matières grasses; 142 mg de sodium; 3 g de protéines; 3 g de glucides; trace de fibres alimentaires

CROUSTILLANTS AU FROMAGE

Croquants, épicés et imbattables.

Margarine dure (ou beurre), ramollie	**1 tasse**	**250 mL**
Cheddar mi-fort, râpé, à la température de la pièce	**2 tasses**	**500 mL**
Poivre de Cayenne	**½ c. à thé**	**2 mL**
Sel	**½ c. à thé**	**2 mL**
Farine tout usage	**2 tasses**	**500 mL**
Céréales de riz croustillant	**2 tasses**	**500 mL**

Battre en crème la margarine et le fromage dans un grand bol. Incorporer le poivre de Cayenne et le sel.

Ajouter la farine. Combiner jusqu'à ce que la pâte soit lisse.

Ajouter les céréales. Mélanger. Façonner des boulettes d'environ 5 cm (2 po) de diamètre. Les enrouler dans du papier ciré. Réfrigérer pendant 2 heures. Couper en tranches de 6 mm (¼ po) d'épaisseur.

Poser les tranches sur une plaque à pâtisserie bien graissée. Cuire au four à 350 °F (175 °C) pendant 15 à 16 minutes, jusqu'à ce que les croustillants soient dorés. Donne environ 60 croustillants.

1 croustillant : 65 calories; 4,6 g de matières grasses; 96 mg de sodium; 2 g de protéines; 4 g de glucides; trace de fibres alimentaires

BOUCHÉES AUX PIMENTS VERTS

Un hors-d'œuvre réellement appétissant, réchauffé par les épices et par le four.

Gros œufs	5	5
Farine tout usage	¼ tasse	60 mL
Poudre à pâte	½ c. à thé	2 mL
Sel	¼ c. à thé	1 mL
Poivre	⅛ c. à thé	0,5 mL
Margarine dure (ou beurre), fondue	¼ tasse	60 mL
Piments verts hachés, en conserve, égouttés	4 oz	114 mL
Monterey Jack, râpé	2 tasses	500 mL
Fromage cottage en crème, écrasé avec une fourchette	1 tasse	250 mL
Sauce aux piments	¼ c. à thé	1 mL

Battre les œufs dans un bol moyen jusqu'à ce qu'ils moussent. Ajouter la farine, la poudre à pâte, le sel, le poivre et la margarine. Bien battre le tout.

Incorporer les piments verts, le Monterey Jack, le fromage cottage et la sauce aux piments en remuant. Verser la préparation dans un plat carré graissé de 22 x 22 cm (9 x 9 po). Cuire au four à 350 °F (175 °C) pendant 35 à 45 minutes, jusqu'à ce que la préparation soit légèrement dorée et prise. Servir chaud. Couper en 36 petits carrés ou 9 carrés comme entrée servie à table.

1 petit carré : 56 calories; 4,2 g de matières grasses; 126 mg de sodium; 3 g de protéines; 1 g de glucides; trace de fibres alimentaires

Photo à la page 35.

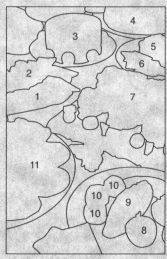

Accessoires fournis par : La Cache, Le Gnome, Stokes, La Baie

GOUGÈRE

La gougère est une confection au fromage typique de la région de Bourgogne, en France. Elle rappelle un chou à la crème. On peut la servir chaude ou froide, mais il est préférable de la couper à l'avance parce que le fromage la rend un peu trop grasse pour pouvoir la manipuler avec les doigts.

Eau	1 tasse	250 mL
Margarine dure (ou beurre)	½ tasse	125 mL
Sel	1 c. à thé	5 mL
Farine tout usage	1 tasse	250 mL
Gros œufs	4	4
Gruyère, râpé	1 tasse	250 mL
Gros œuf, battu à la fourchette, pour la garniture	1	1
Gruyère, râpé, pour la garniture	¼ tasse	60 mL

Porter l'eau, la margarine et le sel à ébullition dans une casserole moyenne.

Ajouter la farine d'un seul coup. Remuer rapidement jusqu'à ce que la préparation soit lisse et épaisse et qu'elle se décolle de la paroi de la casserole. Retirer du feu.

Ajouter les œufs 1 à 1 en battant bien à la cuillère après chaque ajout.

Ajouter la première quantité de fromage. L'incorporer à la préparation. Avec une poche à douille ou une cuillère, commencer par entasser la pâte en petits monticules tout le tour d'un moule à tarte graissé de 22 ou de 25 cm (9 ou 10 po) puis remplir le milieu. Badigeonner le dessus avec l'œuf battu.

Répandre la seconde quantité de gruyère sur la pâte. Cuire au four à 400 °F (205 °C) pendant 30 à 35 minutes, jusqu'à ce que la gougère soit gonflée et dorée. Servir chaude ou froide. Couper en 16 pointes.

1 pointe : *145 calories; 10,6 g de matières grasses; 291 mg de sodium; 6 g de protéines; 7 g de glucides; trace de fibres alimentaires*

Photo à la page 53.

CREVETTES MARINÉES

La préparation est longue dans un premier temps, mais très simple au moment de servir. Servir avec des cure-dents.

Eau	2½ pte	2,5 L
Sel	4 c. à thé	20 mL
Graines de moutarde	1 c. à thé	5 mL
Feuilles de laurier	3	3
Piment de la Jamaïque entier	1 c. à thé	5 mL
Clous de girofle entiers	1 c. à thé	5 mL
Piments forts déshydratés broyés	2 c. à thé	10 mL
Grains de poivre entiers	1 c. à thé	5 mL
Crevettes moyennes fraîches, non écalées (70-80 crevettes)	2 lb	900 g
MARINADE		
Huile de cuisson	¼ tasse	60 mL
Vinaigre blanc	⅓ tasse	75 mL
Eau	½ tasse	125 mL
Graines de céleri	1 c. à thé	5 mL
Sel au céleri	½ c. à thé	2 mL
Poivre de Cayenne	⅛ c. à thé	0,5 mL
Sel	½ c. à thé	2 mL
Sauce Worcestershire	2 c. à soupe	30 mL
Moutarde préparée	1 c. à thé	5 mL
Gros oignon, tranché fin	1	1

Porter l'eau et le sel à ébullition dans une grande casserole ou un faitout.

Nouer les 6 prochains ingrédients dans une étamine double. Ajouter le sachet à l'eau bouillante.

Ajouter les crevettes. Porter de nouveau à ébullition. Laisser bouillir à découvert pendant 2 à 3 minutes, jusqu'à ce que les crevettes soient roses et recroquevillées. Égoutter. Laisser les crevettes refroidir et les écaler. Jeter le sachet d'épices.

Marinade : Combiner les 9 premiers ingrédients dans un petit bol. Poser la ½ des crevettes en une couche dans un grand bol.

Répandre la ½ des rondelles d'oignon sur le dessus. Faire ensuite une autre couche avec le reste des crevettes, puis avec le reste de l'oignon. Verser la marinade sur le tout. Couvrir. Réfrigérer au moins 24 heures. Verser le tout dans un plat ou une grande assiette. Donne environ 75 crevettes.

1 crevette (avec marinade) : 20 calories; 0,9 g de matières grasses; 56 mg de sodium; 3 g de protéines; trace de glucides; trace de fibres alimentaires

Photo à la page 89.

TOMATES FARCIES AUX CREVETTES

Cette recette est généreuse. Comme la garniture se congèle bien, on peut farcir le nombre voulu de tomates.

Eau bouillante	1 c. à soupe	15 mL
Bouillon de fruits de mer en poudre	1 c. à thé	5 mL
Fromage à la crème, ramolli	8 oz	250 g
Poivre	$\frac{1}{16}$ c. à thé	0,5 mL
Sauce Worcestershire	$\frac{1}{8}$ c. à thé	0,5 mL
Poudre d'oignon	$\frac{1}{4}$ c. à thé	1 mL
Persil en flocons	1 c. à thé	5 mL
Raifort commercial	$\frac{1}{2}$ c. à thé	2 mL
Vinaigre balsamique (ou jus de citron)	1 c. à thé	5 mL
Crevettes fraîches (ou surgelées et dégelées) cuites, hachées	6 oz	170 g
Tomates cerises	36	36

Combiner l'eau bouillante et le bouillon en poudre dans un petit bol. Ajouter les 7 prochains ingrédients. Bien écraser le tout avec une fourchette.

Ajouter les crevettes. Bien mélanger. Donne 375 mL (1½ tasse) de garniture.

Couper les tomates en deux sur la largeur. Les vider, puis les remplir de garniture avec une poche à douille ou avec 5 mL (1 c. à thé) de garniture à la fois. Donne 72 demi-tomates farcies.

1 demi-tomate farcie : 16 calories; 1,3 g de matières grasses; 25 mg de sodium;
1 g de protéines; trace de glucides; trace de fibres alimentaires

Photo sur la couverture.

BROCHETTES AUX CREVETTES

Elles sont succulentes. Fort attrayantes, elles se préparent facilement à l'avance.

Huile de cuisson	1 c. à soupe	15 mL
Margarine dure (ou beurre), fondue	3 c. à soupe	50 mL
Jus de citron	1 c. à soupe	15 mL
Sauce soja	1 c. à soupe	15 mL
Persil en flocons	1 c. à soupe	15 mL
Sel à l'ail	1/8 c. à thé	0,5 mL
Crevettes moyennes fraîches, écalées et nettoyées	24	24

Combiner les 6 premiers ingrédients dans un bol moyen. Remuer.

Ajouter les crevettes. Mettre le tout dans un sac de plastique et le sceller. Laisser mariner au réfrigérateur pendant 20 minutes, en retournant souvent le sac. Vider le sac dans une poêle à frire chauffée à feu assez fort. Faire revenir environ 5 minutes en remuant, jusqu'à ce que les crevettes soient roses et recroquevillées. Laisser refroidir les crevettes et la marinade. Faire tremper 12 brochettes en bois de 10 cm (4 po) de long dans l'eau pendant 10 minutes. Enfiler 2 crevettes sur chaque brochette. Réfrigérer les brochettes et la marinade jusqu'au moment de servir. Au moment voulu, réchauffer la marinade. Poser les brochettes sur une plaque à pâtisserie non graissée. Badigeonner les crevettes de marinade. Jeter le reste, s'il y en a. Faire chauffer les broches au four à 400 °F (205 °C) pendant 3 à 5 minutes, jusqu'à ce qu'elles soient chaudes. Donne 12 brochettes.

1 brochette : 43 calories; 3,9 g de matières grasses; 148 mg de sodium; 2 g de protéines; trace de glucides; trace de fibres alimentaires

Photo à la page 71.

CRABE À LA MODE DE RANGOON

Qu'elles soient fraîches ou surgelées, ces bouchées sont servies chaudes, par exemple avec la sauce aigre-douce simple, page 41.

Fromage à la crème, ramolli	4 oz	125 g
Gousses d'ail, émincées (ou 1 à 2 mL, 1/4 à 1/2 c. à thé, de poudre d'ail)	1 ou 2	1 ou 2
Sel	1/4 c. à thé	1 mL
Sauce aux piments	1/8 c. à thé	0,5 mL
Oignons verts, tranchés fin	2	2
Chair de crabe, en conserve, égouttée, cartilage ôté	1 tasse	250 mL

(suite...)

Huile de cuisson, pour la friture

Bien écraser le fromage à la crème avec l'ail, le sel et la sauce aux piments dans un petit bol. Incorporer les oignons verts et le crabe.

❶ Déposer environ 5 mL (1 c. à thé) de garniture au centre de chaque enveloppe. Humecter 2 bords successifs. ❷ Rabattre la pointe humectée sur la garniture, en la repoussant sous celle-ci. ❸ Ramener les 2 coins humectés au milieu, juste au-dessus de la pointe repliée, de sorte qu'ils se chevauchent légèrement. Appuyer sur les coins pour les sceller.

Faire frire quelques enveloppes farcies à la fois dans l'huile chauffée à 375 °F (190 °C) pendant environ 1 minute, jusqu'à ce qu'elles soient dorées. Servir sur-le-champ ou laisser refroidir et surgeler. Réchauffer les enveloppes farcies au four, sur une plaque à pâtisserie graissée, à 400 °F (205 °C) pendant environ 5 minutes. Donne 48 enveloppes farcies.

1 hors-d'œuvre : *23 calories; 1,6 g de matières grasses; 54 mg de sodium; 1 g de protéines; 1 g de glucides; trace de fibres alimentaires*

Photo à la page 125.

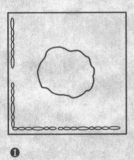 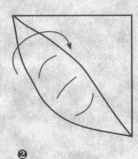 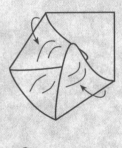

❶ ❷ ❸

TRIPLE SATAY

Un goût incomparable, un hors-d'œuvre qui fond dans la bouche.

Demi-poitrines de poulet désossées et dépouillées (environ 2), coupées en cubes de 2 cm (¾ po)	½ lb	225 g
Filet de bœuf, coupé en cubes de 2 cm (¾ po)	½ lb	225 g
Filet de porc, coupé en cubes de 2 cm (¾ po)	½ lb	225 g
Sauce soja	½ tasse	125 mL
Huile de cuisson	2 c. à soupe	30 mL
Vinaigre blanc	¼ tasse	60 mL
Sucre granulé	¼ tasse	60 mL
Gingembre moulu	½ c. à thé	2 mL
Poudre d'ail	¼ c. à thé	1 mL
Poudre chili	½ c. à thé	2 mL
SAUCE SATAY		
Beurre d'arachides crémeux	½ tasse	125 mL
Sauce soja	1 c. à soupe	15 mL
Sauce chili	2 c. à soupe	30 mL
Piments forts déshydratés broyés	¼ c. à thé	1 mL
Noix de coco fine	1 c. à soupe	15 mL
Cassonade, tassée	2 c. à soupe	30 mL
Poudre d'oignon	¼ c. à thé	1 mL
Lait écrémé évaporé	½ tasse	125 mL

Mettre les cubes de poulet, de bœuf et de porc dans un bol moyen muni d'un couvercle hermétique ou dans 3 bols séparés.

Combiner les 7 derniers ingrédients dans un petit bol. Verser le mélange sur les viandes. Couvrir. Secouer ou retourner le bol pour napper les viandes. Réfrigérer pendant plusieurs heures ou jusqu'au lendemain. Faire tremper 18 brochettes en bois de 10 cm (4 po) dans l'eau pendant 10 minutes. Enfiler 1 cube de chaque type de viande sur chaque brochette et poser les brochettes sur un plat à griller non graissé. Griller au four, à environ 10 cm (4 po) de l'élément chauffant, pendant 5 minutes, en retournant les brochettes à mi-cuisson, jusqu'à ce que la viande soit à point.

Sauce satay : Combiner les 8 ingrédients dans une casserole moyenne. Porter à ébullition en remuant. Laisser mijoter 5 minutes, en remuant sans arrêt. Donne 250 mL (1 tasse) de sauce. Servir la sauce dans un petit bol avec les brochettes. Donne 18 brochettes.

1 brochette (avec la sauce) : 134 calories; 6,7 g de matières grasses; 608 mg de sodium; 11 g de protéines; 8 g de glucides; 1 g de fibres alimentaires

Photo à la page 71.

AILES DE POULET RAPIDES

De bonnes ailes, rapidement préparées. Elles sont sucrées et ont un bon goût de soja.

Ailes de poulet entières (ou petits pilons)	**3 lb**	**1,4 kg**
Jus de pomme	**½ tasse**	**125 mL**
Sauce soja	**½ tasse**	**125 mL**
Cassonade, tassée	**½ tasse**	**125 mL**
Poudre d'ail (facultatif)	**⅛ c. à thé**	**0,5 mL**

Couper les bouts des ailes et les jeter. Séparer les ailes à l'articulation. Les poser en une seule couche sur une lèchefrite graissée ou un plat recouvert de papier d'aluminium graissé.

Bien combiner les 4 derniers ingrédients dans un bol moyen. Verser le tout sur les ailes. Cuire au four à découvert à 400 °F (205 °C) environ 1 heure, en arrosant souvent les ailes, jusqu'à ce qu'elles soient collantes et luisantes. Donne environ 36 morceaux d'ailes ou 24 petits pilons.

1 morceau (avec la sauce) : 100 calories; 6,1 g de matières grasses; 270 mg de sodium; 7 g de protéines; 4 g de glucides; trace de fibres alimentaires

Photo à la page 71.

PETITES SAUCISSES FUMÉES

La sauce caramel nappe bien toutes les saucisses. Une recette rapide et facile.

Cassonade, tassée	**½ tasse**	**125 mL**
Farine tout usage	**2 c. à soupe**	**30 mL**
Vinaigre blanc	**⅓ tasse**	**75 mL**
Jus d'ananas	**½ tasse**	**125 mL**
Sauce soja	**2 c. à thé**	**10 mL**
Ketchup	**1 c. à thé**	**5 mL**
Petites saucisses fumées (cocktail)	**1½ lb**	**680 g**

Bien combiner la cassonade et la farine dans une petite casserole.

Ajouter le vinaigre, le jus d'ananas, la sauce soja et le ketchup. Faire chauffer en remuant jusqu'à ce que la sauce bouille et épaississe.

Ajouter les saucisses. Laisser mijoter sous couvert pour les réchauffer. Servir dans un plat-réchaud. Donne environ 48 petites saucisses.

1 saucisse (avec la sauce) : 52 calories; 3,6 g de matières grasses; 152 mg de sodium; 2 g de protéines; 3 g de glucides; trace de fibres alimentaires

Photo à la page 89.

PÉPITES DE POULET

On peut aussi préparer cette recette avec de la dinde hachée. Les boulettes sont savoureuses.

Poulet haché non cuit	1 lb	454 g
Oignon en flocons	2 c. à thé	10 mL
Gros œuf	1	1
Chapelure fine	½ tasse	125 mL
Lait	⅓ tasse	75 mL
Thym déshydraté	½ c. à thé	2 mL
Sel	¾ c. à thé	4 mL
Sauce à salade (ou mayonnaise)	¼ tasse	60 mL
Lait	2 c. à soupe	30 mL
Chapelure fine	⅔ tasse	150 mL
Paprika	1 c. à thé	5 mL

Combiner les 7 premiers ingrédients dans un bol moyen. Bien mélanger. Réfrigérer environ 1 heure pour que les pépites soient plus faciles à former. Façonner des boulettes de 2,5 cm (1 po).

Combiner la sauce à salade et la seconde quantité de lait dans un petit bol.

Mêler la seconde quantité de chapelure avec le paprika. Tremper les boulettes dans le mélange de sauce à salade, puis les enrober du mélange de chapelure. Les poser en une seule couche sur une plaque à pâtisserie graissée ou dans un plat recouvert de papier d'aluminium graissé. Cuire au four à 425 °F (220 °C) pendant 15 à 20 minutes, jusqu'à ce que le poulet soit cuit. Donne environ 36 pépites.

1 pépite : 41 calories; 1,4 g de matières grasses; 106 mg de sodium; 4 g de protéines; 3 g de glucides; trace de fibres alimentaires

Photo à la page 71.

AILES CROUSTILLANTES AU PARMESAN

Le parmesan relève ces ailes. Une collation délicieuse.

Parmesan râpé	1 tasse	250 mL
Chapelure fine	½ tasse	125 mL
Paprika	1½ c. à thé	7 mL
Vinaigrette italienne dorée	¾ tasse	175 mL
Ailes de poulet entières (ou petits pilons)	3 lb	1,4 kg

(suite...)

Combiner le parmesan, la chapelure et le paprika dans un petit bol. Bien remuer.

Verser la vinaigrette dans un autre petit bol.

Couper les bouts des ailes et les jeter. Séparer les ailes à l'articulation. Tremper les morceaux de poulet dans la vinaigrette, puis les enrober du mélange de fromage. Les poser en une seule couche sur une lèchefrite graissée ou un plat recouvert de papier d'aluminium graissé. Cuire au four à 350 °F (175 °C) environ 45 minutes, jusqu'à ce que les ailes soient tendres. Servir tièdes. On peut préparer les ailes à l'avance et les réchauffer au four à 350 °F (175 °C) environ 10 minutes. Donne environ 36 morceaux d'ailes ou 24 petits pilons.

1 morceau enrobé : 136 calories; 10,6 g de matières grasses; 176 mg de sodium; 8 g de protéines; 2 g de glucides; trace de fibres alimentaires

Photo à la page 71.

AILES DE POULET AU SÉSAME

On goûte nettement les graines de sésame. Ces ailes sont jolies.

Gros œufs	2	2
Moutarde préparée	2 c. à soupe	30 mL
Huile de cuisson	2 c. à soupe	30 mL
Cassonade, tassée	2 c. à soupe	30 mL
Sel	1 c. à thé	5 mL
Chapelure fine	1¼ tasse	300 mL
Graines de sésame	⅓ tasse	75 mL
Ailes de poulet entières (ou petits pilons)	3 lb	1,4 kg

Battre les œufs au fouet ou à la fourchette dans un petit bol. Ajouter les 4 prochains ingrédients. Bien mélanger.

Combiner la chapelure et les graines de sésame dans un autre petit bol.

Couper les bouts des ailes et les jeter. Séparer les ailes à l'articulation. Tremper les morceaux de poulet dans le mélange d'œufs, puis dans celui de chapelure. Les poser en une seule couche sur une lèchefrite graissée ou un plat recouvert de papier d'aluminium graissé. Cuire au four à 425 °F (220 °C) pendant 25 à 30 minutes, en retournant les morceaux à mi-cuisson. Donne environ 36 morceaux d'ailes ou 24 petits pilons.

1 morceau enrobé : 123 calories; 8,1 g de matières grasses; 148 mg de sodium; 8 g de protéines; 4 g de glucides; trace de fibres alimentaires

Photo à la page 71.

BOULES AIGRES-DOUCES

La sauce est plus douce qu'aigre.

Chair à saucisse	2 lb	900 g
Chapelure fine	⅔ tasse	150 mL
Gros œuf, battu à la fourchette	1	1
SAUCE AIGRE-DOUCE		
Petits morceaux d'ananas, en conserve, égouttés	14 oz	398 mL
Ketchup	¾ tasse	175 mL
Sauce chili	½ tasse	125 mL
Cassonade, tassée	⅓ tasse	75 mL
Sauce soja	1 c. à soupe	15 mL
Jus de citron	1 c. à soupe	15 mL
Poudre d'ail	⅛ c. à thé	0,5 mL
Gingembre moulu	⅛ c. à thé	0,5 mL

Façonner des boulettes de 2,5 cm (1 po) avec la chair à saucisse. Les poser en une seule couche sur une plaque à pâtisserie non graissée. Cuire au four à 350 °F (175 °C) pendant 15 à 20 minutes. Bien égoutter.

Sauce aigre-douce : Combiner les 8 ingrédients dans une grande poêle à frire. Ajouter les boulettes cuites. Porter la sauce à ébullition. Lorsqu'elle est bien chaude, verser le tout dans un plat-réchaud. Donne environ 40 boules.

1 boule (avec la sauce) : 72 calories; 4,1 g de matières grasses; 240 mg de sodium; 2 g de protéines; 7 g de glucides; trace de fibres alimentaires

Photo à la page 107.

SATAY SICHUANNAIS

Un plat riche, délicieusement assaisonné à l'ail et au gingembre.

Bifteck de surlonge	1 lb	454 g
Sauce soja	3 c. à soupe	50 mL
Sucre granulé	2 c. à thé	10 mL
Gingembre frais, râpé	1 c. à soupe	15 mL
Poudre d'ail (ou 2 gousses d'ail émincées)	½ c. à thé	2 mL
Piments forts déshydratés broyés	½ c. à thé	2 mL

Couper le bifteck en tranches de 3 mm (⅛ po) d'épaisseur. Couper les longues tranches en deux. Le bifteck se tranche mieux s'il est partiellement surgelé.

Combiner les 5 derniers ingrédients dans un bol moyen. Ajouter la viande. Remuer pour la napper. Laisser reposer pendant 30 minutes, en remuant souvent.

(suite...)

Faire tremper 26 brochettes en bois de 10 cm (4 po) de long dans l'eau pendant 10 minutes. Enfiler les morceaux de viande sur les brochettes. Poser les brochettes sur la grille d'une lèchefrite. Griller au four, à environ 12,5 cm (5 po) de l'élément chauffant, pendant 6 à 8 minutes, en retournant une fois, jusqu'à ce que la viande soit rose. Au moment de servir, poser les brochettes sur une plaque à pâtisserie graissée. Cuire au four à 400 °F (205 °C) pendant 5 minutes pour les réchauffer. Donne environ 26 brochettes.

1 brochette : 24 calories; 0,7 g de matières grasses; 129 mg de sodium; 4 g de protéines; 1 g de glucides; trace de fibres alimentaires

Photo à la page 71.

BOULETTES DE FÊTE

Les boulettes subtilement épicées sont à base de bœuf et de dinde. Servir avec des cure-dents.

Chapelure fine	⅔ tasse	150 mL
Sel	1½ c. à thé	7 mL
Poivre	¼ c. à thé	1 mL
Poudre d'ail	½ c. à thé	2 mL
Poudre d'oignon	½ c. à thé	2 mL
Noix de muscade moulue, généreusement	¼ c. à thé	1 mL
Gros œuf, battu à la fourchette	1	1
Eau	¼ tasse	60 mL
Bœuf haché maigre	1 lb	454 g
Dinde hachée maigre non cuite	1 lb	454 g

Combiner les 6 premiers ingrédients dans un grand bol.

Incorporer l'œuf et l'eau en remuant.

Ajouter le bœuf haché et la dinde. Bien mélanger. Façonner des boulettes de 2,5 cm (1 po). Les poser en une seule couche sur une lèchefrite graissée. Cuire au four à 350 °F (175 °C) pendant 15 à 18 minutes. À ce stade, on peut laisser les boulettes refroidir, les congeler en une seule couche sur une plaque à pâtisserie et les ranger dans des récipients ou des sacs de plastique. Au moment de servir, réchauffer les boulettes au four à 400 °F (205 °C) pendant 5 à 10 minutes sans les décongeler auparavant. Donne environ 80 boulettes.

1 boulette : 23 calories; 1,1 g de matières grasses; 64 mg de sodium; 2 g de protéines; 1 g de glucides; trace de fibres alimentaires

Photo à la page 71.

CÔTES LEVÉES DU PACIFIQUE

La sauce brune épaisse adhère aux côtes. La cuisson se fait pratiquement toute seule.

Côtes de porc, coupées en morceaux courts (coupe aigre-douce)	2 lb	900 g
Purée de prunes (aliments pour bébés)	4½ oz	128 mL
Vinaigre de cidre	3 c. à soupe	50 mL
Cassonade, tassée	½ tasse	125 mL
Ketchup	3 c. à soupe	50 mL
Gingembre moulu	1 c. à thé	5 mL
Poudre d'ail	½ c. à thé	2 mL
Sel	½ c. à thé	2 mL
Poivre	⅛ c. à thé	0,5 mL

Défaire les côtes en morceaux individuels. Les mettre dans une petite rôtissoire recouverte de papier d'aluminium graissé.

Combiner les 8 derniers ingrédients dans un petit bol. Verser la sauce sur les côtes. Remuer pour les napper. Couvrir. Cuire au four à 350 °F (175 °C) pendant 2 heures, en remuant toutes les 20 à 30 minutes. Découvrir et poursuivre la cuisson pendant 10 à 15 minutes. Égoutter. Donne environ 40 côtes.

1 côte (avec la sauce) : 42 calories; 2 g de matières grasses; 58 mg de sodium; 2 g de protéines; 4 g de glucides; trace de fibres alimentaires

Photo à la page 71.

SAUCISSES BARDÉES

Un hors-d'œuvre simple et délicieux.

Saucisses (454 g, 1 lb)	12	12
Tranches de bacon minces, coupées en 3 morceaux chacune	16	16
Cassonade, tassée	¼ tasse	60 mL

Couper chaque saucisse en 4. Envelopper chaque morceau d'un morceau de bacon, en le fixant avec un cure-dents en bois. Rouler le tout dans la cassonade, puis poser les morceaux en une seule couche sur une plaque à pâtisserie graissée ou dans un plat recouvert de papier d'aluminium graissé. Répandre le reste de la cassonade sur le dessus. Cuire au four à 250 °F (120 °C) environ 1½ heure. Servir tièdes. On peut aussi laisser refroidir les saucisses et les surgeler pour ensuite les réchauffer au four, à 350 °F (175 °C), jusqu'à ce que le bacon commence tout juste à grésiller. Donne 48 saucisses.

1 saucisse bardée : 47 calories; 3,8 g de matières grasses; 139 mg de sodium; 2 g de protéines; 1 g de glucides; trace de fibres alimentaires

Photo à la page 107.

Des côtes différentes, sans la sauce sucrée et collante habituelle.

Petites côtes de porc	2¼ lb	1 kg
Eau	1 tasse	250 mL
Vinaigre blanc	3 c. à soupe	50 mL
Sauce soja	2 c. à soupe	30 mL
Sel	1 c. à thé	5 mL
Poivre	½ c. à thé	2 mL
Poudre d'ail	½ c. à thé	2 mL
Feuilles de laurier	2	2
Sauce aux huîtres (facultatif)	1 c. à soupe	15 mL

Couper la chair entre les côtes pour les séparer, puis les mettre dans une grande casserole.

Combiner les 8 derniers ingrédients dans un petit bol. Verser le tout sur les côtes. Laisser mariner pendant 1 heure au réfrigérateur, en remuant souvent pour napper les côtes de sauce. Couvrir. Porter à ébullition. Laisser mijoter environ 1 heure, jusqu'à ce que les côtes soient tendres. Jeter le laurier. Égoutter le jus de cuisson et le réserver. Au moment de servir, badigeonner les côtes avec le jus de cuisson et les poser en une seule couche dans un plat recouvert de papier d'aluminium graissé. Réchauffer les côtes au four à 400 °F (205 °C) pendant 5 à 10 minutes. Donne environ 36 côtes.

1 côte (avec la sauce) : 34 calories; 2,5 g de matières grasses; 142 mg de sodium; 3 g de protéines; trace de glucides; trace de fibres alimentaires

Photo à la page 71.

YAKITORI

Le poulet est piqué sur des cure-dents ou des petites brochettes. Un croque-en-doigts attrayant.

Sauce soja pâle	¾ tasse	175 mL
Sucre granulé	¼ tasse	60 mL
Sherry (ou sherry sans alcool)	¼ tasse	60 mL
Poudre d'ail	¼ c. à thé	1 mL
Poivre	⅛ c. à thé	0,5 mL
Demi-poitrines de poulet désossées et dépouillées (environ 790 g, 1¾ lb) coupées en cubes de 2,5 cm (1 po)	7	7
Poivrons verts, rouges ou jaunes moyens, coupés en morceaux de 2,5 cm (1 po) pour en faire environ 30	2	2
Oignons moyens, coupés en morceaux de 2,5 cm (1 po) pour en faire environ 30	1 ou 2	1 ou 2

Combiner les 5 premiers ingrédients dans une petite casserole. Remuer. Porter à ébullition à feu moyen. Retirer du feu.

Faire tremper 30 brochettes en bois de 10 cm (4 po) de long dans l'eau pendant 10 minutes. Enfiler un morceau de poulet, de poivron et d'oignon sur chaque brochette. Laisser les brochettes reposer dans la sauce chaude pendant 20 minutes, en les arrosant régulièrement. Retirer les brochettes de la sauce. Les poser en une seule couche dans un plat à griller graissé. Griller au four, à environ 12,5 cm (5 po) de l'élément chauffant pendant 2 minutes. Badigeonner de sauce. Retourner les brochettes. Badigeonner de sauce. Griller pendant 2 minutes. Badigeonner et retourner les brochettes jusqu'à ce que le poulet soit cuit. Donne environ 30 brochettes.

1 brochette : 45 calories; 0,4 g de matières grasses; 454 mg de sodium; 7 g de protéines; 3 g de glucides; trace de fibres alimentaires

Photo sur la couverture.

AILES DE POULET FESTIVES

Ces ailes nappées d'un glaçage brun foncé ont un goût aigre-doux.

Confiture d'abricots	½ tasse	125 mL
Ketchup	⅓ tasse	75 mL
Sauce soja	3 c. à soupe	50 mL
Poudre d'ail	½ c. à thé	2 mL
Ailes de poulet entières (ou petits pilons)	3 lb	1,4 kg

(suite...)

Combiner les 4 premiers ingrédients dans un petit bol.

Couper les bouts des ailes et les jeter. Séparer les ailes à l'articulation. Les poser en une seule couche sur une plaque à pâtisserie graissée ou dans un plat recouvert de papier d'aluminium graissé. Badigeonner le poulet du mélange de confiture de façon à le recouvrir entièrement. Cuire au four à 350 °F (175 °C) pendant 30 minutes. Badigeonner du mélange de confiture. Cuire pendant 10 minutes. Badigeonner avec le reste du mélange de confiture. Cuire 10 minutes de plus, jusqu'à ce que les ailes soient tendres. Donne environ 36 morceaux d'ailes ou 24 petits pilons.

1 morceau nappé : 101 calories; 6,1 g de matières grasses; 147 mg de sodium; 7 g de protéines; 4 g de glucides; trace de fibres alimentaires

Photo à la page 71.

AILES À LA BUFFALO

Un autre choix possible. Choisir entre la variante épicée ou suicidaire.

Gros œufs, battus à la fourchette	2	2
Lait	¼ **tasse**	**60 mL**
Sauce aux piments	**1 c. à soupe**	**15 mL**
Farine tout usage	⅔ **tasse**	**150 mL**
Sel assaisonné	**2 c. à thé**	**10 mL**
Poivre	½ **c. à thé**	**2 mL**
Ailes de poulet entières	**3 lb**	**1,4 kg**
(ou petits pilons)		
Huile de cuisson, pour la friture		
Sauce piquante commerciale de	**1 à 4 c. à soupe**	**15 à 60 mL**
la Louisiane		

Combiner les œufs, le lait et la sauce aux piments dans un petit bol.

Combiner la farine, le sel assaisonné et le poivre dans un autre petit bol.

Couper les bouts des ailes et les jeter. Séparer les ailes à l'articulation. Tremper quelques morceaux dans le mélange d'œufs puis dans celui de farine pour les enrober. Frire dans l'huile chauffée à 375 °F (190 °C) pendant 8 à 10 minutes, jusqu'à ce que les ailes soient dorées et croustillantes. Égoutter sur des essuie-tout. Mettre les morceaux cuits dans un grand seau ou un bol muni d'un couvercle.

Arroser le poulet cuit de sauce de la Louisiane. Couvrir. Remuer et secouer pendant 1 à 2 minutes pour répartir la sauce. Servir avec la trempette au bleu, page 38. Donne environ 36 morceaux d'ailes ou 24 petits pilons.

1 morceau enrobé (avec la sauce) : 108 calories; 7,5 g de matières grasses; 108 mg de sodium; 8 g de protéines; 2 g de glucides; trace de fibres alimentaires

Photo à la page 107.

BOULETTES GLACÉES

La cuisson est simple puisque les boulettes mijotent dans la sauce. Le glaçage est brun foncé.

Bœuf haché maigre	**1½ lb**	**680 g**
Sachet de préparation de soupe à l'oignon	**1 × 1,4 oz**	**1 × 38 g**
Gros œuf	**1**	**1**
Ketchup	**¼ tasse**	**60 mL**
Chapelure fine	**⅓ tasse**	**75 mL**
Assaisonnement pour volaille, une petite pincée		
Persil en flocons	**¼ c. à thé**	**1 mL**
GLAÇAGE		
Gelée de raisins	**1½ tasse**	**375 mL**
Ketchup	**¾ tasse**	**175 mL**
Jus de citron (ou vinaigre blanc), au goût (facultatif)		

Combiner les 7 ingrédients dans un bol moyen. Façonner des boulettes de 2,5 cm (1 po).

Glaçage : Faire chauffer la gelée et le ketchup dans une poêle à frire. Incorporer le jus de citron en remuant. Ajouter les boulettes. Remuer délicatement pour les napper de sauce. Laisser mijoter sous couvert pendant 20 à 25 minutes. Verser le tout dans un plat-réchaud et servir avec des cure-dents en bois. Donne 60 boulettes.

1 boulette (avec le glaçage) : 58 calories; 1,9 g de matières grasses; 134 mg de sodium; 3 g de protéines; 8 g de glucides; trace de fibres alimentaires

Photo à la page 71.

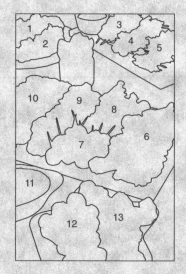

Accessoires fournis par : Stokes, La Baie

SAUCISSES EN SAUCE

Servir ces merveilleuses bouchées avec des cure-dents. La sauce est épaisse et délicieuse.

Ketchup	½ tasse	125 mL
Cassonade, tassée	½ tasse	125 mL
Moutarde préparée	1 c. à thé	5 mL
Poudre d'oignon	¼ c. à thé	1 mL
Essence de rhum	½ c. à thé	2 mL
Eau	½ tasse	125 mL
Saucisses (environ 454 g, 1 lb), coupées en 6 morceaux chacune	12	12

Mettre les 6 premiers ingrédients dans une casserole moyenne. Remuer.

Ajouter les morceaux de saucisses. Porter à ébullition. Laisser mijoter sous couvert environ 15 minutes. Servir chaudes dans un plat-réchaud. Donne 72 morceaux.

1 morceau (avec la sauce) : 28 calories; 1,8 g de matières grasses; 95 mg de sodium; 1 g de protéines; 2 g de glucides; trace de fibres alimentaires

Photo à la page 17.

SAUCISSES À L'AIL EN SAUCE : Ajouter des saucisses à l'ail à la sauce. Excellent.

SAUCISSES À LA POLYNÉSIENNE

Exceptionnelles, elles sont nappées d'une sauce sucrée et épicée.

Confiture d'abricots	1 tasse	250 mL
Vinaigre de cidre	3 c. à soupe	50 mL
Paprika	¼ c. à thé	1 mL
Poudre d'oignon	¼ c. à thé	1 mL
Persil en flocons	¼ c. à thé	1 mL
Poudre d'ail	¼ c. à thé	1 mL
Petites saucisses de salami, cuites	1 lb	454 g

Mettre les 6 premiers ingrédients dans une mijoteuse de 3,5 L (3½ pte). Bien remuer.

Ajouter les saucisses. Remuer. Couvrir. Cuire à feu doux pendant 2 à 4 heures ou à feu fort pendant 1 à 2 heures, jusqu'à ce que les saucisses soient chaudes. Servir avec des cure-dents en bois. Donne environ 22 saucisses.

1 saucisse (avec la sauce) : 100 calories; 5,2 g de matières grasses; 199 mg de sodium; 2 g de protéines; 11 g de glucides; trace de fibres alimentaires

BOULETTES SIMPLES

Elles sont délicieuses seules ou nappées de sauce aigre-douce simple, page 41. La sauce peut aussi être servie comme trempette.

Chapelure fine	½ tasse	125 mL
Oignon, émincé fin	¼ tasse	60 mL
Eau	⅓ tasse	75 mL
Raifort commercial	1 c. à thé	5 mL
Sel	1 c. à thé	5 mL
Poivre	¼ c. à thé	1 mL
Bœuf haché maigre	1 lb	454 g

Bien combiner les 6 premiers ingrédients dans un bol moyen.

Ajouter le bœuf haché. Bien mélanger. Façonner des boulettes de 2,5 cm (1 po). Les poser en une seule couche sur une plaque à pâtisserie graissée ou dans un plat. Cuire au four à 375 °F (190 °C) environ 15 minutes jusqu'à ce que la viande ne soit plus rose. Égoutter. Donne 40 boulettes.

1 boulette (avec la sauce) : 23 calories; 1 g de matières grasses; 83 mg de sodium; 2 g de protéines; 1 g de glucides; trace de fibres alimentaires

POINTES MEXICAINES

Elles peuvent être servies au salon, sur des petites assiettes, avant de passer à table. Un délice.

Bœuf haché maigre	½ lb	225 g
Oignon, haché fin	½ tasse	125 mL
Salsa épicée	3 c. à soupe	50 mL
Tortillas de farine (25 cm, 10 po)	3	3
Piments verts hachés, en conserve, égouttés	4 oz	114 mL
Tomate moyenne, épépinée et coupée en dés	1	1
Monterey Jack, râpé	⅓ tasse	75 mL
Cheddar mi-fort, râpé	⅓ tasse	75 mL

(suite...)

Faire revenir le bœuf haché et l'oignon dans une poêle à frire à revêtement antiadhésif jusqu'à ce que le bœuf ne soit plus rose et que l'oignon soit mou. Bien égoutter.

Incorporer la salsa en remuant. Laisser refroidir.

Poser 1 tortilla sur une plaque à pâtisserie graissée. Étaler la sauce à la viande sur le dessus, en allant jusqu'au bord. Poser la deuxième tortilla sur la première. Répandre les piments verts dessus. Ajouter la dernière tortilla. Répandre la tomate sur le dessus.

Combiner les deux fromages et les répandre sur la tomate. Cuire au four à 425 °F (220 °C) environ 15 minutes. Couper en 8 pointes.

1 pointe : 155 calories; 5,8 g de matières grasses; 318 mg de sodium; 10 g de protéines; 15 g de glucides; 1 g de fibres alimentaires

CANAPÉS AU JAMBON GLACÉ

Un hors-d'œuvre consistant, particulièrement bon parmi un assortiment qui fait office de repas.

Boisson à saveur de cola en cannette	1 × 12½ oz	1 × 355 mL
Confiture d'abricots (ou de pêches)	¼ tasse	60 mL
Clou de girofle moulu	¼ c. à thé	1 mL
Jambon fumé cuit	1½ lb	680 g
Petits craquelins au beurre (Ritz par exemple)	48	48
Moutarde préparée	3 c. à soupe	50 mL

Combiner les 3 premiers ingrédients dans une cocotte non graissée de 2 L (2 pte).

Poser le jambon dans la cocotte. Couvrir. Cuire au four à 325 °F (160 °C) pendant 2 heures, en retournant le jambon à plusieurs reprises. Laisser refroidir. Réfrigérer jusqu'au moment voulu.

Pour servir, couper des petites tranches de jambon pour qu'elles recouvrent les craquelins sur lesquels on aura tartiné une mince couche de moutarde préparée. Donne 48 canapés.

1 canapé : 46 calories; 1,8 g de matières grasses; 427 mg de sodium; 4 g de protéines; 3 g de glucides; trace de fibres alimentaires

BOUCHÉES AUX SAUCISSES

La sauce sucrée et aigre relève bien les saucisses. Servir chaudes, avec des cure-dents en bois.

Gelée de cassis (ou de mûres sauvages)	1¼ tasse	300 mL
Moutarde préparée	½ tasse	125 mL
Saucisses (454 g, 1 lb), coupées en 6 morceaux chacune	12	12

Faire chauffer la gelée et la moutarde dans une grande casserole.

Ajouter les saucisses. Laisser mijoter sous couvert, en remuant souvent, jusqu'à ce que les saucisses soient gonflées. Servir avec des cure-dents en bois. Donne environ 72 morceaux.

1 morceau (avec la sauce) : 37 calories; 1,9 g de matières grasses; 94 mg de sodium; 1 g de protéines; 4 g de glucides; trace de fibres alimentaires

SAUCISSES COCKTAIL

Un hors-d'œuvre un peu aigre, un peu doux.

Gelée de raisins	1 tasse	250 mL
Sauce chili	1 tasse	250 mL
Jus de citron	1 c. à thé	5 mL
Concentré de jus d'orange surgelé	3 c. à soupe	50 mL
Petites saucisses de salami, cuites	2 lb	900 g

Combiner les 4 premiers ingrédients dans une mijoteuse de 3,5 L (3½ pte). Bien remuer.

Ajouter les saucisses. Remuer délicatement. Couvrir. Cuire à feu doux pendant 4 à 5 heures ou à feu fort pendant 2 à 2½ heures, jusqu'à ce que les saucisses soient chaudes. Donne 44 saucisses.

1 saucisse (avec la sauce) : 107 calories; 5,8 g de matières grasses; 346 mg de sodium; 3 g de protéines; 11 g de glucides; 1 g de fibres alimentaires

BROCHETTES AU BŒUF

Une fois marinés, grillés et servis, ces hors-d'œuvre disparaissent en un clin d'œil. Les brochettes peuvent être assemblées à l'avance et réfrigérées. Il suffit ensuite de les griller au moment de servir.

Sauce soja légère	⅔ tasse	150 mL
Jus de citron	1 c. à soupe	15 mL
Vinaigre blanc	1 c. à soupe	15 mL
Cassonade, tassée	¼ tasse	60 mL
Gingembre moulu	1 c. à thé	5 mL
Poudre d'ail	¼ c. à thé	1 mL
Poudre d'oignon	¼ c. à thé	1 mL
Poivre	¼ c. à thé	1 mL
Bifteck de surlonge, coupé en cubes de 2 cm (¾ po)	1½ lb	680 g

Combiner les 8 premiers ingrédients dans un bol moyen muni d'un couvercle hermétique.

Ajouter les cubes de bifteck. Remuer. Couvrir. Laisser mariner au réfrigérateur pendant 6 à 8 heures ou jusqu'au lendemain. Retourner le bol ou remuer la viande de temps en temps. Faire tremper 30 brochettes en bois de 10 cm (4 po) de long dans l'eau pendant 10 minutes. Retirer la viande de la marinade avec une écumoire et jeter la marinade. Enfiler 3 cubes sur chaque brochette. Poser les brochettes sur un plat à griller graissé. Griller au four, à environ 10 cm (4 po) de l'élément chauffant, pendant 4 à 8 minutes, en retournant les brochettes au besoin, jusqu'à ce que la viande soit à point. Donne environ 30 brochettes.

1 brochette : 24 calories; 0,8 g de matières grasses; 56 mg de sodium; 4 g de protéines; trace de glucides; 0 g de fibres alimentaires

CHAMPIGNONS FARCIS

Un peu collants, mais quel délice!

Champignons moyens frais	36	36
Chair à saucisses de porc	½ lb	225 g
Farine tout usage	1 c. à soupe	15 mL
Chapelure fine	¼ tasse	60 mL
Salsa épicée	¼ tasse	60 mL
Tranches de préparation de mozzarella fondu, coupées chacune en 12 carrés plus petits	3	3

Ôter délicatement le pied des champignons. Hacher les pieds.

Faire revenir la chair à saucisse et les pieds des champignons jusqu'à ce que la saucisse ne soit plus rose. Égoutter.

Répandre la farine sur le mélange de chair à saucisse. Mélanger. Ajouter la chapelure. Remuer. Incorporer la salsa et porter à ébullition en remuant. Retirer du feu. Farcir les têtes des champignons. Les poser en une seule couche sur une plaque à pâtisserie non graissée.

Poser un carré de fromage sur chaque champignon. Cuire au four à 400 °F (205 °C) environ 12 minutes. Servir tièdes. Donne 36 champignons farcis.

1 champignon farci : 27 calories; 1,6 g de matières grasses; 85 mg de sodium; 1 g de protéines; 2 g de glucides; trace de fibres alimentaires

Photo à la page 17.

POIS EN COSSE FARCIS

Jolis et colorés, ils sortent de l'ordinaire.

Pois à écosser frais	24	24
Eau bouillante, pour couvrir		
Flocons de jambon, en conserve, égouttés	6½ oz	184 g
Sauce à salade (ou mayonnaise)	1 c. à soupe	15 mL
Relish de cornichons sucrés	1½ c. à thé	7 mL
Moutarde préparée	¼ c. à thé	1 mL
Ciboulette, hachée	2 c. à thé	10 mL

(suite...)

Mettre les pois dans un bol moyen. Les couvrir complètement d'eau bouillante. Laisser reposer pendant 1 minute. Égoutter. Rincer les pois à l'eau froide jusqu'à ce qu'ils aient refroidi. Égoutter. Inciser le côté le moins courbé pour ouvrir les pois.

Écraser les 5 derniers ingrédients à la fourchette dans un petit bol. Donne 250 mL (1 tasse) de garniture. Remplir chaque pois d'environ 10 mL (2 c. à thé) de garniture. Donne 24 pois farcis.

1 pois farci : 24 calories; 1,8 g de matières grasses; 111 mg de sodium; 1 g de protéines; 1 g de glucides; trace de fibres alimentaires

Photo à la page 89.

PELURES DE POMMES DE TERRE

Assaisonnées et croustillantes, elles ont toujours du succès. Servir accompagnées de crème sure et d'oignons verts hachés.

Pommes de terre à cuire moyennes, cuites et refroidies	**5**	**5**
Margarine dure (ou beurre), fondue	**¼ tasse**	**60 mL**
Sel assaisonné, une pincée		

Couper les pommes de terre en deux sur la hauteur, puis recouper chaque moitié en deux. Couper ensuite chacun des 20 morceaux en deux sur la largeur pour faire 40 morceaux en tout. Retirer pratiquement toute la chair des pommes de terre, en en laissant seulement une mince épaisseur sur chaque morceau de pelure.

Badigeonner complètement les morceaux de margarine. Les saupoudrer de sel assaisonné puis les poser, avec la pelure vers le haut, sur une plaque à pâtisserie non graissée. Cuire au four à 400 °F (205 °C) pendant 10 à 15 minutes, jusqu'à ce que les morceaux soient croustillants. Donne 40 morceaux.

1 morceau de pelure assaisonné : 24 calories; 1,1 g de matières grasses; 15 mg de sodium; trace de protéines; 3 g de glucides; trace de fibres alimentaires

Variante no 1 : Omettre le sel assaisonné et saupoudrer les morceaux de pommes de terre avec la ½ d'un sachet d'assaisonnement pour tacos. Cuire tel qu'indiqué ci-dessus. Servir avec le guacamole, page 32.

Photo à la page 17.

Variante no 2 : Omettre la margarine et le sel assaisonné. Mettre les morceaux de pelure de pommes de terre, avec la pelure vers le bas, sur une plaque à pâtisserie non graissée. Répandre 250 mL (1 tasse) de cheddar râpé sur le dessus, puis ajouter soit 75 mL (⅓ tasse) de bacon cuit et émietté, soit 75 mL (⅓ tasse) d'oignons verts hachés, soit un peu des deux. Cuire tel qu'indiqué ci-dessus.

Photo à la page 17.

CHAMPIGNONS CHAMPIONS

Un plat joli et différent.

Gros champignons portobello frais de 12,5 à 15 cm (5 à 6 po) de diamètre	6	6
Huile de cuisson	2 c. à thé	10 mL
Margarine dure (ou beurre)	1 c. à thé	5 mL
Gousse d'ail, émincée (ou 1 mL, ¼ c. à thé, de poudre d'ail)	1	1
Oignon haché	1 tasse	250 mL
Poivron rouge, haché fin	2 c. à soupe	30 mL
Sel	¼ c. à thé	1 mL
Poivre, une pincée		
Mozzarella partiellement écrémé, râpé	1 tasse	250 mL
Ciboulette, hachée	1 c. à soupe	15 mL
Parmesan râpé	1 c. à soupe	15 mL

Ôter les pieds des champignons. Badigeonner d'huile le dessus et le dessous des têtes. Les poser en une seule couche sur une plaque à pâtisserie non graissée. Griller au four des deux côtés, à environ 15 cm (6 po) de l'élément chauffant, pendant 4 à 5 minutes de chaque côté, jusqu'à ce que les têtes commencent à ramollir.

Faire chauffer la margarine dans une poêle à frire. Ajouter l'ail, l'oignon et le poivron. Saler et poivrer. Faire revenir jusqu'à ce que les légumes soient dorés puis répartir la préparation dans les têtes des champignons.

Diviser et répartir les 3 derniers ingrédients sur les champignons farcis. Griller au four jusqu'à ce que le fromage ait fondu et soit bien doré. Donne 6 portions.

1 champignon farci : 118 calories; 7,4 g de matières grasses; 255 mg de sodium; 7 g de protéines; 7 g de glucides; 1 g de fibres alimentaires

Photo à la page 143.

COPEAUX DE CAROTTES

Un hors-d'œuvre coloré et croquant, qui complète bien une salade ou un assortiment de crudités servi avec une trempette.

Grosses carottes	2	2
Eau froide, pour couvrir		

(suite...)

Couper les carottes en longues lanières larges avec un couteau-éplucheur.

Enrouler chaque lanière autour de son doigt puis la fixer avec un cure-dents en bois. Poser les rouleaux dans un grand bol rempli d'eau froide de sorte qu'ils soient complètement submergés. Réfrigérer pendant au moins 2 heures. Égoutter. Poser les copeaux sur un essuie-tout. Enlever les cure-dents au moment d'ajouter les copeaux à une salade ou à un assortiment. Donne environ 16 copeaux.

1 copeau de carotte : *5 calories; trace de matières grasses; 4 mg de sodium;*
trace de protéines; 1 g de glucides; trace de fibres alimentaires

Photo à la page 89.

HORS-D'ŒUVRE MYSTÈRE

De quoi alimenter la conversation. Chacun doit tenter de deviner de quoi il s'agit.

Chapelure fine	$^2\!/_3$ tasse	150 mL
Parmesan râpé	$^1\!/_2$ tasse	125 mL
Persil en flocons	$^1\!/_2$ c. à thé	2 mL
Assaisonnement pour volaille	$^1\!/_4$ c. à thé	1 mL
Poudre d'oignon	$^1\!/_4$ c. à thé	1 mL
Sel	$^1\!/_{16}$ c. à thé	0,5 mL
Poivre, une petite pincée		
Grosse aubergine, pelée et coupée en frites	1	1
Sauce à salade (ou mayonnaise)	$^2\!/_3$ tasse	150 mL

Combiner les 7 premiers ingrédients dans un petit bol.

Tremper les morceaux d'aubergine dans la sauce à salade pour les enrober puis les rouler dans le mélange de chapelure. Les poser en une seule couche sur une plaque à pâtisserie graissée. Cuire au four à 400 °F (205 °C) environ 12 minutes jusqu'à ce qu'ils soient dorés. Servir sur-le-champ parce que l'aubergine noircit à l'air libre. Donne environ 60 morceaux.

1 morceau enrobé : *24 calories; 1,7 g de matières grasses; 46 mg de sodium;*
1 g de protéines; 2 g de glucides; trace de fibres alimentaires

Photo à la page 107.

LÉGUMES MARINÉS

Un ajout coloré et joyeux à un plateau de hors-d'œuvre.

Huile de cuisson	½ tasse	125 mL
Jus de citron	2 c. à soupe	30 mL
Vinaigre blanc	2 c. à soupe	30 mL
Sucre granulé	1½ c. à thé	7 mL
Sel	½ c. à thé	2 mL
Moutarde sèche	¼ c. à thé	1 mL
Sel à l'oignon	¼ c. à thé	1 mL
Paprika	¼ c. à thé	1 mL
Origan entier déshydraté	¼ c. à thé	1 mL
Sel à l'ail	¼ c. à thé	1 mL
Thym moulu	1/16 c. à thé	0,5 mL
Bouquets de chou-fleur	1½ tasse	375 mL
Bouquets de brocoli	1½ tasse	375 mL
Petits champignons frais	1 tasse	250 mL
Poivron vert moyen, coupé en lanières	1	1
Tomates cerises	1½ tasse	375 mL
Céleri, tranché en biais	1 tasse	250 mL
Carotte moyenne, coupée en bâtonnets	1	1

Bien combiner les 11 premiers ingrédients dans un grand bol muni d'un couvercle hermétique. Donne 175 mL (¾ tasse) de marinade.

Ajouter les 7 derniers ingrédients. Couvrir. Retourner le bol pour napper les légumes de marinade. Réfrigérer pendant plusieurs heures ou jusqu'au lendemain, en retournant ou en secouant le bol de temps en temps. Servir les légumes dans leur marinade, avec une écumoire. Donne 2 L (8 tasses).

60 mL (¼ tasse) : 23 calories; 1,9 g de matières grasses; 39 mg de sodium; trace de protéines; 2 g de glucides; trace de fibres alimentaires

Photo à la page 89.

PALMIERS AUX CHAMPIGNONS

Ces mignons petits hors-d'œuvre plaisent à tous. Ils sont faciles à préparer. Cette variante ne contient pas de sucre.

Huile de cuisson	2 c. à thé	10 mL
Oignon, haché fin	1 tasse	250 mL
Champignons frais, hachés fin	2 tasses	500 mL
Margarine dure (ou beurre)	1 c. à thé	5 mL
Farine tout usage	4 c. à thé	20 mL
Sel	¼ c. à thé	1 mL
Poivre	¹⁄₁₆ c. à thé	0,5 mL
Poudre d'ail	¼ c. à thé	1 mL
Crème sure légère	¼ tasse	60 mL
Pâte feuilletée surgelée, dégelée selon le mode d'emploi	½ × 14,1 oz	½ × 397 g

Faire chauffer l'huile dans une poêle à frire. Ajouter l'oignon et le faire revenir jusqu'à ce qu'il soit mou. Sécher l'oignon avec un essuie-tout et le mettre à la cuillère dans un petit bol.

Mettre les champignons et la margarine dans la poêle et les faire revenir jusqu'à ce qu'ils soient dorés. Ajouter l'oignon.

Répandre la farine, le sel, le poivre et la poudre d'ail sur les légumes. Bien mélanger.

Incorporer la crème sure et remuer jusqu'à ce que la préparation bouille et épaississe. Laisser refroidir.

Abaisser la pâte feuilletée sur une surface légèrement farinée en un rectangle de 28 × 33 cm (11 × 13 po). La couper en deux sur la longueur pour faire 2 longs rectangles. Étaler la ½ du mélange de champignons sur chacun des rectangles, en laissant 12 mm (½ po) d'espace de chaque côté. Enrouler les deux rectangles par le côté le plus long pour qu'ils se rejoignent au centre, en se touchant tout juste. Humecter la pâte de chacun des longs côtés. Repousser les rectangles ensemble. Les envelopper dans une pellicule plastique et réfrigérer pendant 30 à 40 minutes.

Couper chaque rouleau de pâte en 24 tranches d'environ 12 mm (½ po) de largeur. Poser les tranches à plat sur une plaque à pâtisserie graissée. Cuire dans le haut du four à 375 °F (190 °C) environ 12 minutes, jusqu'à ce que les palmiers soient dorés. Servir tièdes. Donne 48 palmiers.

1 palmier : 26 calories; 1,7 g de matières grasses; 39 mg de sodium; trace de protéines; 2 g de glucides; trace de fibres alimentaires

Photo à la page 89.

QUICHE AU BACON IMPOSSIBLE

La croûte se forme pendant la cuisson. Un bon goût de bacon et d'oignons.

Tranches de bacon, bien cuites et émiettées	12 à 15	12 à 15
Fromage suisse, râpé	1 tasse	250 mL
Oignon, haché fin	¼ tasse	60 mL
Lait	2 tasses	500 mL
Préparation à biscuits de pâte	1 tasse	250 mL
Gros œufs	4	4
Sel	¼ c. à thé	1 mL
Poivre	⅛ c. à thé	0,5 mL

Graisser un moule à tarte de 25 cm (10 po). Répandre le bacon dans le fond du moule, puis ajouter le fromage et l'oignon.

Mettre le lait, la préparation à biscuits de pâte, les œufs, le sel et le poivre dans le mélangeur ou dans un bol moyen. Bien combiner ou battre le tout. Verser le mélange dans le moule à tarte. Cuire au four à 400 °F (205 °C) environ 35 minutes, jusqu'à ce qu'un couteau introduit au centre de la quiche en ressorte propre. Couper en 10 pointes pour faire une entrée servie à table.

1 pointe : 197 calories; 11,1 g de matières grasses; 446 mg de sodium; 11 g de protéines; 13 g de glucides; trace de fibres alimentaires

TARTELETTES AU FROMAGE

Le succès à tous les coups.

Cheddar mi-fort, râpé	½ tasse	125 mL
Havarti (ou autre fromage blanc), râpé	½ tasse	125 mL
Oignon haché	1 c. à soupe	15 mL
Sel	¼ c. à thé	1 mL
Poivre, une petite pincée		
Moutarde sèche, une petite pincée		
Gros œuf	1	1
Lait	½ tasse	125 mL
Abaisses de tartelettes non cuites	24	24

Combiner les 8 premiers ingrédients dans le mélangeur jusqu'à ce que le mélange soit lisse.

Verser la préparation dans les abaisses. Cuire au four à 350 °F (175 °C) pendant 20 à 25 minutes, jusqu'à ce que la garniture soit prise. Donne 24 tartelettes.

1 tartelette : 59 calories; 4,1 g de matières grasses; 111 mg de sodium; 2 g de protéines; 3 g de glucides; trace de fibres alimentaires

NIDS DE PHYLLO

Ces jolis nids n'attendent que d'être remplis de garniture.

Feuilles de pâte phyllo surgelées, dégelées selon le mode d'emploi	3	3
Margarine dure (ou beurre), fondue	2 c. à soupe	30 mL

Poser 1 feuille de pâte sur un plan de travail. La badigeonner rapidement de margarine fondue. Poser la deuxième feuille sur la première et la badigeonner de margarine. Refaire la même chose avec la dernière feuille. Couper les feuilles entassées en carrés de 6,4 cm (2½ po). Enfoncer délicatement les carrés dans les cavités graissées d'un moule à petits muffins. Cuire au four à 375 °F (190 °C) pendant 5 à 6 minutes, jusqu'à ce que la pâte soit dorée. Laisser reposer 5 minutes avant de démouler les nids sur une grille et de les laisser refroidir complètement. Donne 20 nids.

1 nid vide : 21 calories; 1,2 g de matières grasses; 33 mg de sodium; trace de protéines; 2 g de glucides; trace de fibres alimentaires

Photo sur la couverture.

GARNITURE ÉPICÉE AU BŒUF

Cette garniture à la viande foncée relève la pâte peu colorée.

Bœuf haché maigre	½ lb	225 g
Oignon, haché fin	¼ tasse	60 mL
Farine tout usage	1 c. à soupe	15 mL
Sel	¼ c. à thé	1 mL
Poivre, une pincée		
Sauce soja	1 c. à soupe	15 mL
Lait	⅓ tasse	75 mL

Faire revenir le bœuf haché et l'oignon dans une poêle à frire à revêtement antiadhésif jusqu'à ce que le bœuf ne soit plus rose et que l'oignon soit mou.

Ajouter la farine, le sel et le poivre. Bien mélanger.

Incorporer la sauce soja et le lait et remuer jusqu'à ce que la préparation bouille. Retirer du feu. Réfrigérer jusqu'au moment voulu. Réchauffer au moment de servir. Servir la garniture dans les coupes grillées, page 14, ou les nids de phyllo, ci-dessus. Donne 325 mL (1⅓ tasse).

15 mL (1 c. à soupe) : 26 calories; 1,6 g de matières grasses; 86 mg de sodium; 2 g de protéines; 1 g de glucides; trace de fibres alimentaires

Photo sur la couverture.

CHAMPIGNONS EN PÂTE

Ces savoureuses confections disparaissent comme par magie.

PÂTE AU FROMAGE À LA CRÈME

Fromage à la crème, ramolli	4 oz	125 g
Margarine dure (ou beurre), ramollie	½ tasse	125 mL
Farine tout usage	1½ tasse	375 mL

GARNITURE AUX CHAMPIGNONS

Margarine dure (ou beurre)	2 c. à soupe	30 mL
Oignon haché	1 tasse	250 mL
Champignons frais, hachés	½ lb	225 g
Farine tout usage	2 c. à soupe	30 mL
Sel	1 c. à thé	5 mL
Poivre	¼ c. à thé	1 mL
Thym moulu	¼ c. à thé	1 mL
Sauce à salade (ou mayonnaise)	⅓ tasse	75 mL
Sauce Worcestershire	¼ c. à thé	1 mL
Gros œuf, battu à la fourchette	1	1

Pâte au fromage à la crème : Bien battre le fromage à la crème avec la margarine dans un bol moyen. Incorporer la farine jusqu'à obtenir une boule de pâte. Réfrigérer pendant au moins 1 heure.

Garniture aux champignons : Faire fondre la margarine dans une poêle à frire. Ajouter l'oignon et les champignons et les faire revenir jusqu'à ce qu'ils soient mous.

Ajouter la farine, le sel, le poivre et le thym. Bien remuer.

Ajouter la sauce à salade et la sauce Worcestershire. Remuer jusqu'à ce que la préparation bouille et épaississe. Retirer du feu. Laisser refroidir complètement.

Abaisser la pâte sur une surface légèrement farinée. La couper en 36 ronds de 5 cm (2 po) avec un emporte-pièce à bord festonné si possible. Dresser 5 mL (1 c. à thé) de la garniture au centre de 18 des ronds. Mouiller le bord avec l'œuf battu. Poser les autres ronds de pâte sur les premiers. Sceller le bord avec une fourchette. Faire 2 ou 3 incisions sur le dessus de chaque rond de pâte puis les poser sur une plaque à pâtisserie non graissée. Cuire au four à 425 °F (220 °C) environ 10 minutes, jusqu'à ce que la pâte soit dorée. Donne 36 entrées.

1 entrée : 81 calories; 5,9 g de matières grasses; 142 mg de sodium; 1 g de protéines; 6 g de glucides; trace de fibres alimentaires

FRIANDS ÉPICÉS

Un friand au bœuf fait maison. Savoureux sans être trop piquant.

Chapelure	½ tasse	125 mL
Eau	¼ tasse	60 mL
Vinaigre blanc	2 c. à soupe	30 mL
Poudre chili	2 c. à thé	10 mL
Sel	1 c. à thé	5 mL
Poivre	¼ c. à thé	1 mL
Origan entier déshydraté	½ c. à thé	2 mL
Poudre d'ail	¼ c. à thé	1 mL
Sauce Worcestershire	½ c. à thé	2 mL
Bœuf haché maigre	1 lb	454 g

**Pâte brisée, commerciale ou maison,
  assez pour 3 abaisses**

Combiner les 9 premiers ingrédients dans un bol moyen. Ajouter le bœuf haché. Bien mélanger. Façonner des petites saucisses de 9 cm (3½ po) de long.

Abaisser le ⅓ de la pâte sur une surface légèrement farinée. Poser 1 saucisse sur la pâte, près du bord. Couper une bande de pâte de la largeur de la saucisse. Enrouler la saucisse dans une épaisseur de pâte jusqu'à ce que les bouts se chevauchent légèrement. Couper l'excès de pâte. Humecter les bouts et les pincer pour sceller la pâte. Couper la saucisse enveloppée en deux et poser les morceaux sur une plaque à pâtisserie non graissée. Enrouler ainsi toutes les saucisses. Cuire au four à 400 °F (205 °C) pendant 20 à 25 minutes, jusqu'à ce que la pâte soit dorée. Servir sur-le-champ ou laisser refroidir. Réfrigérer ou surgeler. Réchauffer les friands au four à 400 °F (205 °C) pendant 5 à 10 minutes. Donne environ 46 friands.

1 friand : 86 calories; 5,5 g de matières grasses; 148 mg de sodium; 3 g de protéines; 6 g de glucides; trace de fibres alimentaires

FRIANDS : Cuire à moitié de la chair à saucisse dans une poêle à frire. Laisser refroidir. Enrouler dans la pâte en suivant la méthode qui précède.

PETITS CHOUX À LA CRÈME

Une merveille gastronomique. À remplir de garnitures chaudes ou froides, entièrement dissimulées ou non.

Eau	1 tasse	250 mL
Margarine dure (ou beurre)	½ tasse	125 mL
Sel	¼ c. à thé	1 mL
Farine tout usage	1 tasse	250 mL
Gros œufs	4	4

Combiner l'eau, la margarine et le sel dans une casserole moyenne. Porter à ébullition à feu moyen.

Ajouter la farine. Remuer jusqu'à ce que la préparation s'agglutine et se détache des parois de la casserole. Retirer du feu.

Incorporer les œufs 1 à 1, en battant bien après chaque ajout. Déposer la pâte en petites cuillerées sur une plaque à pâtisserie non graissée, en espaçant les monticules. Cuire au four à 400 °F (205 °C) environ 15 minutes, jusqu'à ce que les choux soient gonflés et dorés. La pâte devrait sembler sèche. Laisser refroidir sur une grille. Tailler le dessus des choux pour les ouvrir complètement ou partiellement. Remplir de garniture. Remettre les dessus en place. Donne environ 72 choux d'une bouchée ou 36 choux de deux bouchées.

1 chou d'une bouchée : 23 calories; 1,7 g de matières grasses; 29 mg de sodium;
1 g de protéines; 1 g de glucides; trace de fibres alimentaires

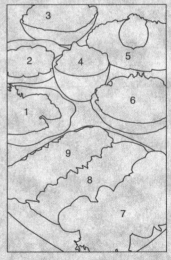

1   Canapés grillés au mozza et aux poivrons, page 9
2. Palmiers aux champignons, page 83
3. Légumes marinés, page 82
4. Petites saucisses fumées, page 61
5. Pizza Bruschetta, page 19
6. Croustilles de légumes, page 112
7. Copeaux de carottes, page 80
8. Pois en cosse farcis, page 78
9. Crevettes marinées, page 56

Accessoires fournis par :   Dansk Gifts, Eaton,
Le Gnome, Stokes, La Baie

CHAUSSONS AU JAMBON

Un goût léger de moutarde et d'orange, un brin sucré.

Flocons de jambon, en conserve, égouttés	6½ oz	184 g
Cassonade, tassée	1 c. à soupe	15 mL
Moutarde sèche	1 c. à soupe	15 mL
Eau	1½ c. à thé	7 mL
Zeste d'orange, râpé fin (ou 15 mL, 1 c. à soupe, de marmelade d'oranges)	⅛ c. à thé	0,5 mL
Pâte brisée, commerciale ou maison, assez pour 2 croûtes		
Gros œuf, battu à la fourchette	1	1

Bien écraser les 5 premiers ingrédients ensemble sur une grande assiette.

Abaisser la pâte sur une surface légèrement farinée. La couper en carrés de 7,5 cm (3 po). Poser 7 mL (1½ c. à thé) du mélange de jambon au centre de chaque carré. Humecter le bord de la pâte. Replier la pâte sur la garniture et presser le bord avec une fourchette pour le sceller. Inciser le dessus. Poser les chaussons sur une plaque à pâtisserie non graissée.

Badigeonner d'œuf. Cuire au four à 400 °F (205 °C) environ 15 minutes jusqu'à ce que la pâte soit légèrement dorée. Servir sur-le-champ ou congeler les chaussons posés en une couche sur une plaque à pâtisserie avant de les ranger dans un contenant. Réchauffer les chaussons au four, sur une plaque à pâtisserie non graissée, à 350 °F (175 °C) pendant 20 à 25 minutes jusqu'à ce qu'ils soient chauds et que la pâte soit croustillante. Donne 20 chaussons.

1 chausson : 121 calories; 8,2 g de matières grasses; 239 mg de sodium; 3 g de protéines; 9 g de glucides; trace de fibres alimentaires

Photo à la page 53.

MINI-QUICHES

Pour qu'elles soient encore meilleures, décorer les quiches de quelques brins de fromage ou d'un feston de crème sure. Excellentes.

Cheddar mi-fort (ou fromage suisse), râpé	1 tasse	250 mL
Lait	½ tasse	125 mL
Gros œuf	1	1
Champignons frais, tranchés	1 tasse	250 mL
Sel	¼ c. à thé	1 mL
Miettes de bacon (ou 6 tranches de bacon, bien cuites et émiettées)	½ tasse	125 mL
Abaisses de tartelettes non cuites	24	24

Mettre les 5 premiers ingrédients dans le mélangeur. Combiner jusqu'à obtenir un mélange lisse.

Répartir les miettes de bacon dans les abaisses. Dresser le mélange de fromage à la cuillère, sur le bacon. Cuire au four à 350 °F (175 °C) environ 25 minutes, jusqu'à ce que la garniture soit prise. Donne 24 tartelettes.

1 mini-quiche : 70 calories; 5 g de matières grasses; 133 mg de sodium; 3 g de protéines; 4 g de glucides; trace de fibres alimentaires

GARNITURE AU JAMBON

Une garniture savoureuse et crémeuse, qui peut aussi être servie comme trempette avec des craquelins ou des croustilles.

Flocons de jambon, en conserve, égouttés	6½ oz	184 g
Sauce à salade (ou mayonnaise)	¼ tasse	60 mL
Crème sure	¼ tasse	60 mL
Oignons verts, hachés	2	2
Moutarde préparée	1 c. à thé	5 mL
Raifort commercial	1 c. à thé	5 mL
Jus de citron	½ c. à thé	2 mL
Poivre	⅟₁₆ c. à thé	0,5 mL

Bien combiner les 8 ingrédients dans un petit bol. Réfrigérer jusqu'au moment voulu. Servir dans les coupes grillées, page 14, ou les nids de phyllo, page 85. Donne 325 mL (1⅓ tasse).

15 mL (1 c. à soupe) : 39 calories; 3,3 g de matières grasses; 136 mg de sodium; 1 g de protéines; 1 g de glucides; trace de fibres alimentaires

Photo sur la couverture.

Un élégant hors-d'œuvre, bon chaud ou froid.

Gros œuf	1	1
Fromage à la crème, ramolli	4 oz	125 g
Féta, émietté	8 oz	250 g
Parmesan râpé	2 c. à soupe	30 mL
Persil en flocons	1 c. à thé	5 mL
Feuilles de pâte phyllo surgelées (environ 454 g, 1 lb), dégelées selon le mode d'emploi	16	16
Margarine dure (ou beurre), fondue	1 tasse	250 mL

Battre l'œuf dans un petit bol jusqu'à ce qu'il mousse. Ajouter les 3 fromages et le persil. Battre jusqu'à ce que le mélange soit lisse.

Poser 1 feuille de pâte phyllo sur un plan de travail. Couvrir les autres avec un torchon humide. Badigeonner rapidement et généreusement la pâte de margarine fondue. ❶ La couper en 4 bandes de 10 cm (4 po) de large, sur la longueur. ❷ Plier chaque bande en deux pour faire des bandes de 5 cm (2 po) de large. Badigeonner de margarine. ❸ Déposer 5 mL (1 c. à thé) de la garniture au fromage au centre de la bande, à un bout. ❹ Rabattre le coin sur la garniture pour former 1 triangle. ❺ Rabattre ensuite le triangle de bord en bord jusqu'à ce que toute la pâte soit enroulée. Badigeonner le triangle de margarine et le poser sur une plaque à pâtisserie non graissée. Préparer ainsi des triangles jusqu'à ce qu'il ne reste plus de pâte ni de garniture au fromage. Cuire au four à 400 °F (205 °C) environ 15 minutes, jusqu'à ce que la pâte soit dorée. Donne 64 triangles.

1 triangle : 65 calories; 4,5 g de matières grasses; 126 mg de sodium; 1 g de protéines; 5 g de glucides; trace de fibres alimentaires

Photo à la page 53.

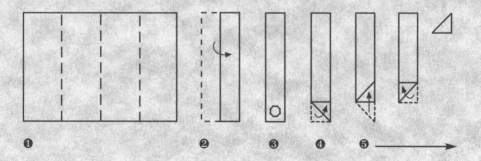

TARTELETTES AUX CHAMPIGNONS

La garniture peut être faite à l'avance, comme la cuisson des tartelettes. Se congèlent bien. Un bon goût de champignons.

Margarine dure (ou beurre)	1 c. à soupe	15 mL
Champignons frais, tranchés	1 tasse	250 mL
Oignons verts, hachés	1 c. à soupe	15 mL
Farine tout usage	2 c. à soupe	30 mL
Sel	¼ c. à thé	1 mL
Lait écrémé évaporé (ou crème légère)	⅔ tasse	150 mL
Abaisses de tartelettes non cuites	18	18

Faire fondre la margarine dans une casserole moyenne. Ajouter les champignons et les oignons verts et les faire revenir jusqu'à ce qu'ils soient dorés.

Incorporer la farine et le sel.

Ajouter le lait évaporé et remuer jusqu'à ce que la préparation bouille et épaississe. Laisser refroidir. Donne largement 250 mL (1 tasse) de garniture.

Cuire les abaisses de tartelettes à 400 °F (205 °C) pendant 10 à 13 minutes, jusqu'à ce qu'elles soient légèrement dorées. Laisser refroidir. Répartir la garniture aux champignons dans les tartelettes. Réchauffer au four à 400 °F (205 °C) pendant 5 minutes. Si les tartelettes sont surgelées, les réchauffer environ 10 minutes. Donne 18 tartelettes.

1 tartelette : 53 calories; 3 g de matières grasses; 100 mg de sodium; 1 g de protéines; 5 g de glucides; trace de fibres alimentaires

ROULÉS AU BŒUF

Une jolie spirale de bœuf foncé et de fromage orange. Un hors-d'œuvre savoureux, facile à préparer.

Fromage à la crème léger, ramolli	4 oz	125 g
Crème sure	¼ tasse	60 mL
Raifort commercial, plus ou moins	1½ c. à thé	7 mL
Moutarde préparée	1 c. à thé	5 mL
Ciboulette, hachée	2 c. à thé	10 mL
Tortillas de farine (20 cm, 8 po)	4	4
Bœuf cuit tranché très mince	8 oz	225 g
Cheddar mi-fort, râpé	1¼ tasse	300 mL

(suite...)

Bien combiner les 5 premiers ingrédients dans un petit bol.

Répartir le mélange sur les tortillas.

Répandre le bœuf sur le mélange, puis le fromage. Rouler chaque tortilla aussi serré que possible. Les envelopper dans une pellicule plastique. Réfrigérer au moins 1 heure. Tailler les extrémités. Couper chaque roulé en 10 tranches, soit 40 tranches en tout.

1 tranche : *42 calories; 2,2 g de matières grasses; 163 mg de sodium; 3 g de protéines; 2 g de glucides; trace de fibres alimentaires*

Photo à la page 17.

ROULÉS À LA MEXICAINE

Avec des tortillas de couleur, ces roulés sont encore plus jolis.

Fromage à la crème, ramolli	8 oz	250 g
Sauce à salade (ou mayonnaise)	¼ tasse	60 mL
Sachet de préparation à vinaigrette Ranch (secouer le sachet avant de le diviser)	½ x 1 oz	½ x 28 g
Oignons verts, hachés fin	¼ tasse	60 mL
Piments verts hachés, en conserve, égouttés et séchés avec des essuie-tout	4 oz	114 mL
Piments doux, hachés, égouttés et séchés avec des essuie-tout	2 oz	57 mL
Tortillas de farine nature (ou aux tomates séchées ou au pesto) de 25 cm, 10 po	8	8

Battre le fromage à la crème avec la sauce à salade dans un bol moyen jusqu'à ce que le mélange soit lisse.

Incorporer les 4 prochains ingrédients en remuant.

Étaler 60 mL (¼ tasse) du mélange sur chaque tortilla, en allant jusqu'au bord. Rouler les tortillas bien serré. Réfrigérer au moins 2 heures. Tailler les extrémités. Couper chaque roulé en 8 tranches, soit 64 tranches en tout.

1 tranche : *32 calories; 1,1 g de matières grasses; 63 mg de sodium; 1 g de protéines; 5 g de glucides; trace de fibres alimentaires*

Photo à la page 35.

ROULÉS À LA SALADE

On voit la salade au travers du papier de riz. Ils se mangent avec les doigts.

Vinaigre de cidre	2 c. à soupe	30 mL
Jus de citron	1 c. à soupe	15 mL
Cassonade, tassée	3 c. à soupe	50 mL
Sauce aux prunes	3 c. à soupe	50 mL
Sauce soja	1 c. à soupe	15 mL
Sauce hoisin	1 c. à soupe	15 mL
Gingembre frais, râpé	1/2 c. à thé	2 mL
Fécule de maïs	1 c. à thé	5 mL
Piments forts déshydratés broyés	1/8 à 1/4 c. à thé	0,5 à 1 mL
Épinards frais déchiquetés, tassés	1 1/2 tasse	375 mL
Germes de soja frais, hachés	1 1/2 tasse	375 mL
Champignons frais, tranchés fin	2/3 tasse	150 mL
Carottes, râpées	1/2 tasse	125 mL
Oignon rouge, tranché fin	1/4 tasse	60 mL
Papiers de riz (21,5 cm, 8 1/2 po)	20	20
Eau chaude		

Arachides hachées, pour décorer (facultatif)

Combiner les 9 premiers ingrédients dans une petite casserole. Porter à ébullition en remuant. Laisser refroidir.

Combine les 5 prochains ingrédients dans un bol moyen. Ajouter le mélange de vinaigre refroidi. Remuer.

Faire tremper 1 feuille de papier de riz dans l'eau chaude, dans un récipient peu profond, environ 1 minute jusqu'à ce qu'elle soit souple. Si le papier trempe trop longtemps, il ramollit trop. ❶ Dresser environ 30 mL (2 c. à soupe) de garniture en un rang de 7,5 cm (3 po) de long sur le papier de riz, près du bord. ❷ Rabattre le bord sur la garniture et le ramener en dessous. ❸ Ramener les deux côtés sur la garniture. ❹ Rouler bien serré. Préparer ainsi tous les roulés.

Décorer avec les arachides. Servir sur-le-champ. Ne pas réfrigérer. Donne 20 roulés.

1 roulé : 60 calories; 0,2 g de matières grasses; 102 mg de sodium; 1 g de protéines; 14 g de glucides; 1 g de fibres alimentaires

Photo à la page 125.

(suite...)

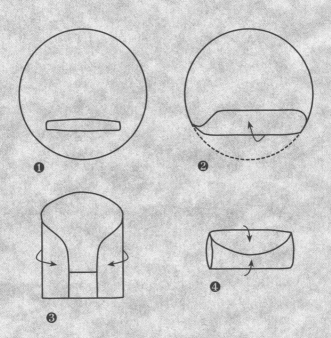

ROULÉS AU FROMAGE

Ces roulés sont pâles, avec des oignons verts et des piments verts disposés en spirale.

Fromage à la crème, ramolli	**4 oz**	**125 g**
Crème sure	**½ tasse**	**125 mL**
Oignons verts, hachés fin	**¼ tasse**	**60 mL**
Piments verts hachés, en conserve, égouttés	**4 oz**	**114 mL**
Sel assaisonné	**¼ c. à thé**	**1 mL**
Poudre d'ail	**⅛ c. à thé**	**0,5 mL**
Tortillas de farine (20 cm, 8 po)	**6**	**6**

Battre le fromage à la crème avec la crème sure dans un petit bol jusqu'à ce que le mélange soit lisse.

Ajouter les 4 prochains ingrédients. Remuer. Donne 375 mL (1½ tasse).

Étaler 60 mL (¼ tasse) du mélange sur chaque tortilla, en allant jusqu'au bord. Rouler bien serré et envelopper dans une pellicule plastique. Réfrigérer au moins 2 heures. Tailler les extrémités. Couper chaque roulé en 10 tranches, soit 60 tranches en tout.

1 tranche : 22 calories; 1,1 g de matières grasses; 38 mg de sodium; 1 g de protéines; 2 g de glucides; trace de fibres alimentaires

Photo à la page 35.

ROULEAUX ORIENTAUX AU POULET

Ces roulés sont croustillants. La préparation prend un certain temps.

Poulet haché non cuit	½ lb	225 g
Oignons verts, tranchés	⅓ tasse	75 mL
Céleri, haché fin	⅓ tasse	75 mL
Carottes, râpées	¼ tasse	60 mL
Champignons frais, tranchés	½ tasse	125 mL
Gousses d'ail, émincées (ou 2 mL, ½ c. à thé, de poudre d'ail)	2	2
Germes de soja frais	2 tasses	500 mL
Sauce aux huîtres	¼ tasse	60 mL
Sherry (ou sherry sans alcool)	1 c. à soupe	15 mL
Sucre granulé	1 c. à thé	5 mL
Fécule de maïs	2 c. à thé	10 mL
Graines de sésame grillées	1 c. à soupe	15 mL
Feuilles de pâte phyllo surgelées (environ 454 g, 1 lb), dégelées selon le mode d'emploi	16	16
Margarine dure (ou beurre), fondue	6 c. à soupe	100 mL
Graines de sésame grillées	1 c. à soupe	15 mL

Faire sauter les 6 premiers ingrédients dans une poêle à frire à revêtement antiadhésif jusqu'à ce que le poulet soit complètement cuit et doré.

Ajouter les germes de soja. Faire sauter pendant 2 minutes.

Combiner la sauce aux huîtres avec le sherry, le sucre et la fécule de maïs dans une petite tasse. Incorporer au mélange de poulet et remuer jusqu'à ce que la préparation bouille et épaississe. Laisser refroidir.

Ajouter la première quantité de graines de sésame. Remuer. Si la garniture dégage du liquide, l'égoutter. Donne 750 mL (3 tasses) de garniture.

Poser 1 feuille de pâte phyllo sur un plan de travail. Recouvrir les autres avec un torchon humide. Badigeonner rapidement la feuille de pâte de margarine fondue. Poser une deuxième feuille sur la première. La badigeonner de margarine. ❶ Couper en 6 carrés. ❷ Poser environ 15 mL (1 c. à soupe) de garniture sur 1 coin d'un carré. ❸ Rabattre le coin sur la garniture, en ramenant la pointe sous la garniture. ❹ Enfermer la garniture dans la pâte en roulant vers le coin opposé pour former des rouleaux de la taille d'un doigt. Préparer ainsi les 14 autres feuilles de pâte, à raison de 2 à la fois. Badigeonner les rouleaux avec le reste de margarine fondue.

Répandre la seconde quantité de graines de sésame sur les rouleaux et les poser sur une plaque à pâtisserie non graissée. Cuire au four à 350 °F (175 °C) environ 20 minutes, jusqu'à ce qu'ils soient dorés. Donne 48 rouleaux.

1 rouleau : 50 calories; 1,8 g de matières grasses; 187 mg de sodium; 2 g de protéines; 6 g de glucides; trace de fibres alimentaires

Photo à la page 125.

(suite...)

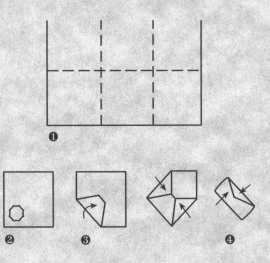

SPIRALES TORTILLA

Des petits rouleaux rigolos.

Fromage cottage en crème	2 tasses	500 mL
Margarine dure (ou beurre)	¼ tasse	60 mL
Lait	2 c. à soupe	30 mL
Jus de citron	1 c. à soupe	15 mL
Oignons verts, hachés	½ tasse	125 mL
Piments verts hachés, en conserve, égouttés	4 oz	114 mL
Cheddar mi-fort, râpé	1 tasse	250 mL
Sel à l'ail	¼ c. à thé	1 mL
Tortillas de farine (20 cm, 8 po)	12	12

Mettre les 4 premiers ingrédients dans le mélangeur. Combiner jusqu'à ce que le mélange soit lisse, puis le verser dans un bol moyen.

Ajouter les oignons verts, les piments, le fromage et le sel à l'ail. Remuer.

Étaler 60 mL (¼ tasse) du mélange de fromage sur chaque tortilla. Rouler comme un gâteau roulé. Envelopper dans une pellicule plastique, en scellant les extrémités. Réfrigérer au moins 2 heures. Couper chaque tortilla en 10 tranches, soit 20 en tout.

1 tranche : 22 calories; 0,8 g de matières grasses; 50 mg de sodium; 1 g de protéines; 2 g de glucides; trace de fibres alimentaires

ROULÉS AU SALAMI

La garniture bien relevée est savoureuse.

Fromage à la crème, ramolli	4 oz	125 g
Oignon, râpé	1 c. à soupe	15 mL
Raifort commercial	2 c. à thé	10 mL
Bouillon de bœuf en poudre	1/4 c. à thé	1 mL
Jus de pomme (ou lait)	2 c. à soupe	30 mL
Ciboulette, hachée	1 c. à thé	5 mL
Tranches de salami sec (ou de saucisson d'été) de 9 cm (3¹/₂ po) de diamètre, environ 113 g (¹/₄ lb)	18	18

Bien écraser les 6 premiers ingrédients dans un petit bol. Rajouter un peu de jus de pomme au besoin, pour obtenir la consistance voulue.

Étaler environ 10 mL (2 c. à thé) du mélange de fromage à la crème sur chaque tranche de salami. Enrouler et poser dans un récipient couvert. Réfrigérer pendant 1 heure. Couper chaque rouleau en 3 tranches, pour faire 54 tranches en tout.

1 tranche : 17 calories; 1,5 g de matières grasses; 48 mg de sodium; 1 g de protéines; trace de glucides; trace de fibres alimentaires

Photo sur la couverture.

ROULEAUX AUX ŒUFS MINIATURES

Un bon choix. On reconnaît la forme, mais la taille en fait définitivement un croque-en-doigts.

Huile de cuisson	2 c. à soupe	30 mL
Poulet cuit, coupé en dés, légèrement tassé	1/3 tasse	75 mL
Germes de soja frais	1/2 lb	225 g
Oignon, émincé	1/4 tasse	60 mL
Céleri, émincé	1/4 tasse	60 mL
Chou, râpé	1/4 tasse	60 mL
Eau	1 c. à soupe	15 mL
Sel	1/2 c. à thé	2 mL
Enveloppes à wontons carrées	84	84
Huile de cuisson, pour la friture		

(suite...)

Faire chauffer la première quantité d'huile dans une poêle à frire. Ajouter les 5 prochains ingrédients et les faire revenir en remuant pendant 2 à 3 minutes.

Ajouter l'eau et le sel. Couvrir. Cuire à la vapeur pendant 1 minute. Laisser refroidir.

Mettre 2 mL (½ c. à thé) de garniture refroidie sur un carré, en diagonale près d'un coin. Rabattre la pointe du coin sur la garniture. Humecter les côtés non repliés. Enrouler la garniture vers le coin opposé. Bien sceller les bords.

Juste avant de servir, faire frire dans l'huile chauffée à 375 °F (190 °C) jusqu'à ce que la pâte soit dorée. Donne 84 rouleaux.

1 rouleau : 18 calories; 1,2 g de matières grasses; 29 mg de sodium; trace de protéines; 1 g de glucides; trace de fibres alimentaires

ROULÉS AU CHILI

Ces rouleaux sont jolis. On voit bien le rouge et le vert dans la garniture.

Fromage à la crème léger, ramolli	8 oz	250 g
Lait	1 c. à soupe	15 mL
Piments verts hachés, en conserve, égouttés	4 oz	114 mL
Olives mûres, hachées	2 c. à soupe	30 mL
Pacanes, hachées fin	2 c. à soupe	30 mL
Ciboulette, hachée	2 c. à soupe	30 mL
Piments doux, hachés	2 oz	57 mL
Sel assaisonné	⅛ c. à thé	0,5 mL
Tortillas de farine (20 cm, 8 po)	6	6

Écraser le fromage à la crème avec le lait dans un petit bol jusqu'à obtenir une tartinade.

Ajouter les 6 prochains ingrédients. Bien mélanger.

Répartir le mélange sur les tortillas et l'étaler jusqu'au bord. Enrouler comme un gâteau roulé. Envelopper chaque rouleau dans une pellicule plastique. Réfrigérer pendant plusieurs heures. Tailler les extrémités. Couper chaque rouleau en 10 tranches, soit 60 tranches en tout.

1 tranche : 22 calories; 0,9 g de matières grasses; 69 mg de sodium; 1 g de protéines; 3 g de glucides; trace de fibres alimentaires

Photo à la page 35.

SUSHI

La préparation est plus simple à chaque fois. Particulièrement bon assaisonné avec le mélange de wasabi.

Riz blanc à grains courts	**1¼ tasse**	**300 mL**
Eau	**2½ tasses**	**625 mL**
Vinaigre de riz (ou blanc)	**2 c. à soupe**	**30 mL**
Sucre granulé	**4 c. à thé**	**20 mL**
Sel	**1 c. à thé**	**5 mL**
Sherry (ou vin de riz, comme du saké, ou sherry sans alcool)	**2 c. à soupe**	**30 mL**
Feuilles de porphyre (algue rôtie), (vendues au rayon des produits orientaux des magasins d'alimentation)	**4**	**4**
Pâte de wasabi (vendue au rayon des produits orientaux des magasins d'alimentation ou 30 mL (2 c. à soupe) de mayonnaise	**2 c. à thé**	**10 mL**

GARNITURE
(en choisir 3 ou 4 pour chaque rouleau)
Poivron rouge rôti, pelé, épépiné et
coupé en lanières
Carotte, coupée en lanières de 7,5 cm (3 po)
Oignon vert, coupé en lanières de 7,5 cm (3 po)
Concombre non pelé, coupé enlanières
de 7,5 cm (3 po)
Pointes d'asperges fraîches, cuites et refroidies
Avocat, pelé et coupé en tranches fines
(voir remarque)
Épinards frais, déchiquetés
Gros œuf frit, jaune brisé avec une fourchette,
coupé en filaments
Chair de crabe, en conserve (ou simili-crabe),
déchiquetée

Combiner les 5 premiers ingrédients dans une casserole moyenne. Laisser mijoter sous couvert pendant 25 à 30 minutes, jusqu'à ce que le riz soit tendre et qu'il ne reste presque plus de liquide.

Incorporer le sherry en remuant. Laisser refroidir.

❶ Poser 1 feuille de porphyre sur un petit napperon de bambou ou une serviette de tissu épais pour pouvoir mieux l'enrouler. Étaler 250 mL (1 tasse) de riz sur la feuille avec une fourchette mouillée, en couvrant complètement la feuille sur 3 côtés, mais en laissant environ 5 cm (2 po) de libre sur le côté éloigné le plus long.

Étaler le ¼ de la pâte de wasabi sur le riz.

(suite...)

Garniture : ❷ Étaler 3 ou 4 garnitures, au choix, en bandes de 2,5 cm (1 po) de large en commençant à environ 2,5 cm (1 po) du côté long le plus proche. Humecter la partie exposée de la feuille de porphyre. ❸ Enrouler la feuille bien serré en commençant du côté long le plus proche et en se servant du napperon ou de la serviette, en roulant vers l'avant et vers l'arrière pour que le rouleau soit bien serré. Préparer ainsi les 3 autres feuilles. Envelopper les rouleaux dans une pellicule plastique. Réfrigérer. Tailler les bouts avec un couteau affûté. Couper chaque rouleau en 5 tranches, soit 20 tranches en tout.

1 tranche (sans sauce) : 93 calories; 3,1 g de matières grasses; 211 mg de sodium; 3 g de protéines; 13 g de glucides; 1 g de fibres alimentaires

Photo sur la couverture.

Remarque : Tremper les tranches d'avocat dans du jus de citron pour les empêcher de noircir.

Variante : On peut remplacer la pâte de wasabi par une trempette faite en combinant 2 mL (½ c. à thé) de pâte de wasabi (ou plus, au goût) et 125 mL (½ tasse) de sauce soja.

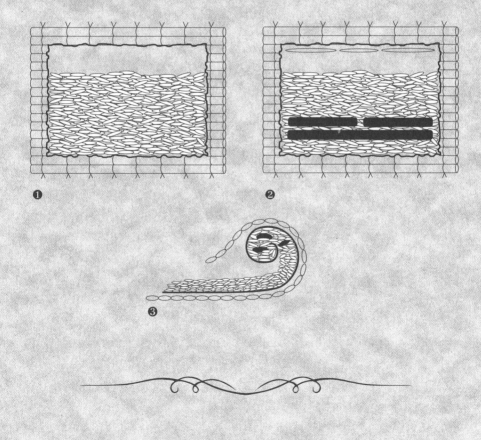

❶   ❷   ❸

DOLMADES

Un plat grec bien connu. Les dolmades sont servies à la température de la pièce ou chaudes, à table.

Oignon, haché fin	1½ tasse	375 mL
Huile d'olive	2 c. à soupe	30 mL
Pignons (ou pacanes), hachés	½ tasse	125 mL
Riz basmati (ou blanc à grains longs)	1 tasse	250 mL
Eau	2 tasses	500 mL
Raisins secs	⅔ tasse	150 mL
Persil en flocons (ou 60 mL, ¼ tasse, de persil frais, haché)	1 c. à soupe	15 mL
Sel	1 c. à thé	5 mL
Poivre	⅛ c. à thé	0,5 mL
Cannelle moulue	¼ c. à thé	1 mL
Tomates, épépinées et hachées	1 tasse	250 mL
Bocal de feuilles de vigne	17 oz	473 mL
Jus de citron	1½ c. à soupe	25 mL
Huile d'olive	2 c. à soupe	30 mL
Eau	1 tasse	250 mL

Faire sauter l'oignon dans la première quantité d'huile d'olive dans une poêle à frire jusqu'à ce qu'il soit mou.

Ajouter les pignons et les cuire 5 minutes, jusqu'à ce qu'ils soient dorés.

Ajouter le riz, la première quantité d'eau, les raisins secs et le persil. Remuer. Porter à petite ébullition. Laisser mijoter sous couvert pendant 15 à 20 minutes jusqu'à ce que le riz soit cuit et ait absorbé le liquide.

Incorporer le sel, le poivre, la cannelle et les tomates. Laisser la préparation refroidir jusqu'à pouvoir la manipuler.

Rincer les feuilles de vigne à l'eau tiède. Égoutter. Les sécher avec un torchon ou un essuie-tout. Poser environ 37 mL (2½ c. à soupe) du mélange de riz sur chaque feuille de vigne. Ramener le bout avec la tige sur le riz, puis enrouler complètement la garniture dans la feuille en ramenant les bords vers le milieu. Recouvrir de feuilles de vigne le fond et les côtés d'une cocotte graissée de 2 L (2 pte). Poser les rouleaux dans la cocotte, proches les uns des autres, avec le bord de la feuille au fond.

Répandre le jus de citron et la seconde quantité d'huile d'olive sur les rouleaux. Les recouvrir avec les feuilles de vigne qui restent. Ajouter la seconde quantité d'eau. Couvrir. Cuire au four à 350 °F (175 °C) environ 1 heure. Laisser refroidir. Servir arrosées d'un filet de jus de citron. Donne 32 dolmades.

1 dolmade : 66 calories; 3,2 g de matières grasses; 86 mg de sodium; 1 g de protéines; 9 g de glucides; 1 g de fibres alimentaires

Photo à la page 53.

Une bonne façon de débuter un repas mexicain. Servir avec de la crème sure. Olé.

Chair à saucisse	1 lb	454 g
Oignon haché	½ tasse	125 mL
Sel	¾ c. à thé	4 mL
Poivre	¼ c. à thé	1 mL
Sauce à pizza commerciale	¾ tasse	175 mL
Origan entier déshydraté	¼ c. à thé	1 mL
Tortillas de farine (20 cm, 8 po)	6	6
Mozzarella partiellement écrémé, râpé	1½ tasse	375 mL

Faire revenir la chair à saucisse et l'oignon dans une poêle à frire jusqu'à ce que la viande soit complètement cuite et que l'oignon soit mou. Égoutter. Saler et poivrer. Laisser refroidir.

Combiner la sauce à pizza, l'origan et le mélange de viande dans un petit bol. Donne 500 mL (2 tasses) de garniture.

Étaler 75 mL (⅓ tasse) de garniture sur chaque tortilla. Répandre 60 mL (¼ tasse) de fromage sur la garniture. Enrouler les tortillas aussi serré que possible, comme un gâteau roulé. Envelopper dans une pellicule plastique. Réfrigérer jusqu'au moment de servir. Poser les roulés sur une plaque à pâtisserie graissée. Cuire au four à 400 °F (205 °C) pendant 7 à 8 minutes jusqu'à ce que le fromage ait fondu. Tailler les extrémités. ❶ Couper chaque roulé en 4 tranches, soit 24 tranches en tout.

1 tranche : 87 calories; 4,6 g de matières grasses; 270 mg de sodium; 4 g de protéines; 7 g de glucides; trace de fibres alimentaires

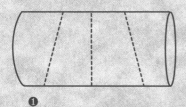

❶

ROULEAUX AUX ASPERGES

Une entrée dorée où l'on voit les asperges, le bacon et le fromage.

Tranches de pain de mie blanc (ou de blé entier), croûte ôtée	**16 à 18**	**16 à 18**
Tartinade de préparation de fromage fondu	**¾ tasse**	**175 mL**
Tranches de bacon, bien cuites et broyées au mélangeur ou au hachoir à viande	**12**	**12**
Pointes d'asperges, en conserve (ou fraîches, cuites)	**16 à 18**	**16 à 18**
Margarine dure (ou beurre), fondue	**3 c. à soupe**	**50 mL**
Parmesan râpé	**1½ c. à soupe**	**25 mL**

Aplatir les tranches de pain avec un rouleau à pâtisserie.

Tartiner environ 10 mL (2 c. à thé) de tartinade de fromage sur chaque tranche de pain. Répandre environ 4 mL (¾ c. à thé) de bacon broyé sur le pain. Poser une pointe d'asperge au bout de chaque tranche. Couper la tige qui dépasse. Enrouler l'asperge bien serré dans le pain et fixer le tout avec un cure-dents en bois, au besoin.

Badigeonner le pain roulé de margarine fondue. Répandre le parmesan sur les rouleaux. Poser les rouleaux sur une plaque à pâtisserie non graissée. Cuire au four à 400 °F (205 °C) pendant 7 à 8 minutes jusqu'à ce qu'ils soient dorés ou les griller au four, à 15 cm (6 po) de l'élément chauffant, pendant 2 ou 3 minutes. Couper chaque rouleau en deux, pour faire 32 à 36 demi-rouleaux. Ne pas surgeler.

1 demi-rouleau : 78 calories; 4,1 g de matières grasses; 251 mg de sodium; 3 g de protéines; 7 g de glucides; trace de fibres alimentaires

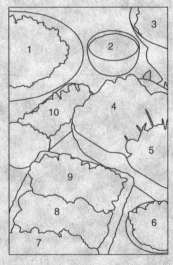

1. Maïs soufflé au cheddar, page 112
2. Trempette au bleu, page 38
3. Boules aigres-douces, page 64
4. Ailes à la Buffalo, page 69
5. Saucisses bardées, page 66
6. Pacanes à l'orange, page 116
7. Pâtes frites (Variante no 2), page 111
8. Ronds au sésame, page 25
9. Pâtes frites (Variante no 1), page 111
10. Hors-d'œuvre mystère, page 81

Accessoires fournis par : Eaton, Handworks Gallery, Scona Clayworks, Stokes, The Basket House, La Baie

La préparation prend un peu de temps. Ils disparaissent vite. Servir avec la sauce aigre-douce simple, page 41.

Poulet haché non cuit	½ lb	225 g
Champignons frais, tranchés	1½ tasse	375 mL
Huile de sésame (ou de cuisson)	2 c. à thé	10 mL
Sel	1 c. à thé	5 mL
Sucre granulé	1 c. à thé	5 mL
Gingembre en poudre	1 c. à thé	5 mL
Poudre d'ail	¼ c. à thé	1 mL
Oignons verts, tranchés fin	4	4
Carottes, râpées	½ tasse	125 mL
Germes de soja frais, hachés	3 tasses	750 mL
Sauce aux huîtres	2 c. à soupe	30 mL
Sherry (ou sherry sans alcool)	1 c. à soupe	15 mL
Enveloppes à roulés à la chinoise (environ 25)	1 lb	454 g

Huile de cuisson, pour la friture

Faire revenir le poulet haché et les champignons dans l'huile de sésame dans une poêle à frire jusqu'à ce que le poulet soit complètement cuit et qu'il ne reste plus de liquide.

Répandre le sel, le sucre, le gingembre et l'ail sur la préparation. Remuer. Ajouter les oignons verts, les carottes et les germes de soja. Faire sauter à feu assez fort environ 5 minutes jusqu'à ce qu'il ne reste plus de liquide.

Incorporer la sauce aux huîtres et le sherry et faire sauter pendant 1 minute.

Mettre environ 30 mL (2 c. à soupe) de garniture sur chaque enveloppe, en diagonale et décalée par rapport au centre, près d'un coin. Rabattre le coin sur la garniture. Humecter les bords ouverts. Ramener les pointes des côtés sur la garniture puis enrouler jusqu'au coin opposé. Bien sceller le tout.

Faire frire dans l'huile chauffée à 375 °F (190 °C) environ 5 minutes jusqu'à ce que la pâte soit dorée. Égoutter sur des essuie-tout. Donne 25 rouleaux.

1 rouleau : 85 calories; 1,9 g de matières grasses; 336 mg de sodium; 4 g de protéines; 12 g de glucides; 1 g de fibres alimentaires

Photo à la page 125.

ROULÉS À LA LAITUE

La garniture est enroulée dans des feuilles de laitue croquantes. Une gâterie exceptionnelle.

Huile de cuisson	1 c. à thé	5 mL
Demi-poitrine de poulet désossée et dépouillée (environ 113 g, 4 oz) coupées en dés de 12 mm (½ po)	1	1
Carottes, râpées	¼ tasse	60 mL
Oignon, tranché et coupé en lanières de 2,5 cm (1 po) de long	¼ tasse	60 mL
Lanières de poivron vert	1 c. à soupe	15 mL
Lanières de poivron rouge	1 c. à soupe	15 mL
Lanières de poivron orange	1 c. à soupe	15 mL
Eau	¼ tasse	60 mL
Paquet de soupe aux nouilles orientales à saveur de poulet, brisées en 6 morceaux, sachet d'assaisonnement réservé	1 × 3½ oz	1 × 100 g
Sachet d'assaisonnement réservé	½	½
Sauce hoisin	1 c. à soupe	15 mL
Miel liquide	1 c. à thé	5 mL
Poivre	⅛ c. à thé	0,5 mL
Poudre chili	1/16 c. à thé	0,5 mL
Poudre d'ail	1/16 c. à thé	0,5 mL
Sauce aux piments	¼ c. à thé	1 mL
Arachides non salées	¼ tasse	60 mL
Feuilles de laitue frisée ou grasse	8	8

Faire chauffer l'huile dans une poêle à frire. Ajouter le poulet et le faire revenir jusqu'à ce qu'il soit complètement cuit.

Ajouter les carottes, l'oignon et les poivrons. Faire sauter en remuant jusqu'à ce que les légumes soient tendres, mais encore croquants.

Ajouter l'eau, puis les nouilles en remuant. Laisser mijoter sous couvert environ 2 minutes pour que les nouilles ramollissent.

Ajouter les 8 prochains ingrédients. Bien remuer pour réchauffer la préparation puis verser le tout dans un petit bol.

(suite...)

Servir sur une grande assiette accompagnée de feuilles de laitue. Chaque personne peut alors mettre environ ⅛ de la préparation sur une feuille de laitue, l'enrouler et déguster. Donne environ 8 roulés.

1 roulé : 103 calories; 3,4 g de matières grasses; 140 mg de sodium; 6 g de protéines; 12 g de glucides; 1 g de fibres alimentaires

Photo à la page 125.

PÂTES FRITES

Savoureuses et croquantes. Les variantes sont à essayer.

Pâtes de forme intéressante (rotini ou tortiglioni par exemple), environ	**4 tasses**	**1 L**
Huile de cuisson, pour la friture		
Parmesan râpé	**¼ tasse**	**60 mL**
Sel assaisonné	**1 c. à thé**	**5 mL**

Cuire les pâtes selon le mode d'emploi. Égoutter. Sécher avec un essuie-tout.

Frire les pâtes dans l'huile chauffée à 375 °F (190 °C) pendant 10 à 12 minutes jusqu'à ce qu'elles soient légèrement dorées. Ne pas les cuire trop longtemps. Avec une écumoire, retirer les pâtes de l'huile et les poser dans un grand plat recouvert d'essuie-tout pour les égoutter. Ne pas les laisser refroidir. Mettre les pâtes dans un grand bol.

Répandre le fromage et le sel assaisonné sur les pâtes chaudes. Remuer. Donne environ 1 L (4 tasses).

60 mL (¼ tasse) : 84 calories; 3,6 g de matières grasses; 152 mg de sodium; 3 g de protéines; 10 g de glucides; 1 g de fibres alimentaires

Variante no 1: Remplacer le sel assaisonné par 2 mL (½ c. à thé) de poivre de Cayenne.

Photo à la page 107.

Variante no 2 : Remplacer le parmesan par autant de produit de fromage cheddar sec.

Photo à la page 107.

ROUES TEXANES : Cuire des pâtes en forme de roues. Omette le parmesan et le remplacer par autant de produit de fromage cheddar sec et ajouter 2 mL (½ c. à thé) de poudre chili au sel assaisonné.

CROUSTILLES DE LÉGUMES

La recette pour préparer des croustilles de légumes à la maison.

Patate douce, longue et étroite, pelée	1	1
Panais moyen, pelé	1	1
Carotte moyenne, pelée	1	1
Pomme de terre rouge (ou à cuire) moyenne, pelée	1	1
Eau glacée		
Huile de cuisson, pour la friture		
Sel, une pincée		

Avec un couteau-éplucheur, couper les légumes en longues lanières fines. Faire tremper les lanières dans un grand bol d'eau glacée pendant 30 minutes. Sécher les légumes avec un essuie-tout ou un torchon.

Faire frire quelques légumes à la fois dans l'huile chauffée à 375 °F (190 °C) environ 2 minutes. Retirer les légumes de l'huile avec une écumoire et les poser sur un essuie-tout pour les égoutter. Les légumes devraient tout juste commencer à dorer. Laisser refroidir. Si les légumes ne sont pas croustillants, les remette dans l'huile et les cuire en remuant sans arrêt environ 1 minute, jusqu'à ce qu'ils soient croustillants et commencent à dorer. Les retirer de l'huile avec une écumoire et les égoutter sur un essuie-tout.

Saupoudrer de sel. Laisser refroidir complètement. Entasser dans un grand bol. Donne environ 2,5 L (10 tasses).

60 mL (¼ tasse) : 28 calories; 2,3 g de matières grasses; 2 mg de sodium; trace de protéines; 2 g de glucides; trace de fibres alimentaires

Photo à la page 89.

MAÏS SOUFFLÉ AU CHEDDAR

Une excellente collation.

Maïs soufflé (faire cuire environ 250 mL, 1 tasse, de grains)	6 pte.	6 L
Margarine dure (ou beurre)	½ tasse	125 mL
Produit de fromage râpé (cheddar jaune en poudre)	½ tasse	125 mL
Sel à l'ail	¼ c. à thé	1 mL
Sel à l'oignon	¼ c. à thé	1 mL

(suite...)

Mettre le maïs soufflé dans un grand récipient, comme une grande rôtissoire ou une marmite à confiture.

Faire fondre la margarine dans une petite casserole.

Mettre le fromage dans un petit bol. Ajouter le sel à l'ail et le sel à l'oignon. Bien remuer. Arroser le maïs soufflé d'un filet de margarine fondue. Répandre le mélange de fromage sur le dessus. Bien remuer. Donne 6 L (24 tasses).

250 mL (1 tasse) : 79 calories; 5 g de matières grasses; 88 mg de sodium; 2 g de protéines; 7 g de glucides; 1 g de fibres alimentaires

Photo à la page 107.

CROUSTILLES TORTILLA

On peut cuire les croustilles au four ou les frire dans l'huile.

Tortillas de maïs (15 cm, 6 po)	**12**	**12**
Huile de cuisson, pour la friture		

Sel (ou sel assaisonné), une pincée

Couper chaque tortilla en 8 pointes. Faire frire plusieurs pointes à la fois dans l'huile chauffée à 375 °F (190 °C), en les retournant de temps en temps, jusqu'à ce qu'elles soient croustillantes. Les poser sur un essuie-tout pour les égoutter.

Saupoudrer de sel. Donne 96 croustilles.

4 croustilles : 72 calories; 3,8 g de matières grasses; 35 mg de sodium; 1 g de protéines; 9 g de glucides; 1 g de fibres alimentaires

Photo à la page 35.

CROUSTILLES TORTILLA AU FOUR : Poser les pointes en une seule couche sur une plaque à pâtisserie non graissée. Les brosser avec un peu d'eau et les saupoudrer de sel. Cuire au four à 400 °F (205 °C) environ 8 minutes. Retourner les pointes et les cuire environ 3 minutes de plus.

MÉLI-MÉLO

Des formes fantaisistes, bien grillées, avec un bon goût d'épices.

Céréales de blé en forme de petits carrés (Shreddies, par exemple)	2 tasses	500 mL
Céréales d'avoine grillée en forme de O (Cheerios par exemple)	1 tasse	250 mL
Bretzels minces, brisés en deux	1 tasse	250 mL
Céréales de riz et de maïs en forme de carrés (Crispix par exemple)	2 tasses	500 mL
Petits craquelins (Ritz Bits par exemple)	2 tasses	500 mL
Noix assorties	2 tasses	500 mL
Margarine dure (ou beurre)	¼ tasse	60 mL
Huile de cuisson	¼ tasse	60 mL
Sauce Worcestershire	2 c. à soupe	30 mL
Sel à l'ail	1 c. à thé	5 mL
Sel au céleri	1 c. à thé	5 mL
Sel à l'oignon	1 c. à thé	5 mL
Sel assaisonné	1 c. à thé	5 mL

Combiner les 6 premiers ingrédients dans une grande rôtissoire. Remuer.

Faire chauffer les 7 derniers ingrédients dans une petite casserole, en remuant de temps en temps, jusqu'à ce que la margarine ait fondu. Verser le tout sur le mélange sec. Bien remuer. Cuire au four à découvert à 250 °F (120 °C) pendant 1 heure, en remuant toutes les 20 minutes. Laisser refroidir. Ranger dans des récipients hermétiques. Donne largement 2 L (2 pte).

*60 mL (¼ **tasse**) : 129 calories; 8,8 g de matières grasses; 314 mg de sodium; 3 g de protéines; 11 g de glucides; 1 g de fibres alimentaires*

MAÏS SOUFFLÉ AU SUCRE

Une collation délicieuse en tout temps.

Maïs soufflé (faire cuire environ 250 mL, 1 tasse, de grains)	6 pte.	6 L
Arachides (facultatif)	1 tasse	250 mL
Sucre granulé	2 tasses	500 mL
Eau	½ tasse	125 mL
Mélasse de fantaisie	½ tasse	125 mL
Sel	½ c. à thé	2 mL
Bicarbonate de soude	1 c. à thé	5 mL

(suite...)

Mettre le maïs soufflé et les arachides dans un grand récipient, comme une grande rôtissoire ou une marmite à confiture.

Faire chauffer le sucre, l'eau et la mélasse dans un poêlon moyen. Remuer jusqu'à ce que le sucre soit dissous. Laisser bouillir jusqu'au stade de petit boulé sur le thermomètre à confiserie ou jusqu'à ce qu'une cuillerée du mélange forme une boule malléable dans l'eau froide. Retirer du feu.

Incorporer le bicarbonate de soude au tamis. Verser le mélange mousseux sur le maïs soufflé. Remuer complètement pour napper uniformément le maïs. Étaler le tout sur des grandes plaques à pâtisserie graissées. Cuire au four à 350 °F (175 °C) pendant 10 minutes pour sécher la préparation. Pendant que le maïs refroidit, le remuer et briser les gros morceaux. Donne 4 L (16 tasses).

250 mL (1 tasse) : *192 calories; 0,8 g de matières grasses; 173 mg de sodium; 2 g de protéines; 46 g de glucides; 1 g de fibres alimentaires*

TORTILLAS CROUSTILLANTES

Une collation rapide et savoureuse, à servir nature ou avec une trempette mexicaine.

Margarine dure (ou beurre), ramollie	¾ tasse	175 mL
Parmesan râpé	½ tasse	125 mL
Persil en flocons	2 c. à thé	10 mL
Graines de sésame	¼ tasse	60 mL
Origan entier déshydraté	½ c. à thé	2 mL
Poudre d'oignon	¼ c. à thé	1 mL
Poudre d'ail	¼ c. à thé	1 mL
Tortillas de farine (15 cm, 6 po)	12	12

Combiner les 7 premiers ingrédients dans un petit bol. Bien mélanger.

Étaler une couche épaisse du mélange de fromage sur chaque tortilla. La couche peut sembler trop épaisse, mais le mélange se tasse à la cuisson. Couper chaque tortilla en 8 pointes. Les poser en une seule couche sur une plaque à pâtisserie non graissée. Cuire au four à 350 °F (175 °C) pendant 12 à 15 minutes, jusqu'à ce que les pointes soient croustillantes et dorées. Donne 96 pointes.

4 pointes : *129 calories; 7,8 g de matières grasses; 182 mg de sodium; 3 g de protéines; 12 g de glucides; trace de fibres alimentaires*

Photo à la page 35.

NOIX ÉPICÉES

En préparer en grande quantité avant d'en avoir besoin.

Gros blanc d'œuf, à la température de la pièce	1	1
Eau	2 c. à thé	10 mL
Noix assorties (ou arachides salées)	2 tasses	500 mL
Sucre granulé	1/2 tasse	125 mL
Cannelle moulue	1 c. à thé	5 mL
Noix de muscade moulue	1/2 c. à thé	2 mL
Gingembre moulu	1/4 c. à thé	1 mL
Sel	1/8 c. à thé	0,5 mL

Battre le blanc d'œuf et l'eau dans un bol moyen jusqu'à ce que le mélange soit lisse.

Incorporer les noix en remuant.

Combiner les 5 derniers ingrédients dans un petit bol. Ajouter le tout aux noix et remuer pour les enrober. Étaler sur une plaque à pâtisserie graissée. Cuire au four à 250 °F (120 °C) pendant 1 heure, en remuant toutes les 15 minutes. Ranger dans un récipient hermétique ou surgeler. Donne 500 mL (2 tasses).

60 mL (1/4 tasse) : 269 calories; 18,7 g de matières grasses; 55 mg de sodium; 7 g de protéines; 23 g de glucides; 2 g de fibres alimentaires

PACANES À L'ORANGE

Des noix enrobées délicieuses. Le parfum d'orange est agréable.

Sucre granulé	1/2 tasse	125 mL
Pacanes, en moitiés	2 tasses	500 mL
Zeste d'orange, râpé	1 c. à soupe	15 mL
Jus d'orange	1/4 tasse	60 mL

Combiner les 4 ingrédients dans une casserole moyenne. Porter à ébullition en remuant. Laisser bouillir, en remuant sans arrêt, jusqu'à ce qu'il ne reste plus de liquide. Étaler le tout sur une plaque à pâtisserie non graissée. Séparer les pacanes. Laisser refroidir. Donne environ 560 mL (2 1/4 tasses).

60 mL (1/4 tasse) : 221 calories; 17,4 g de matières grasses; trace de sodium; 2 g de protéines; 17 g de glucides; 2 g de fibres alimentaires

Photo à la page 107.

CRAQUELINS FESTIFS

Bons et croustillants, à servir avec une trempette ou une tartinade.

Farine de seigle	1 tasse	250 mL
Farine tout usage	½ tasse	125 mL
Farine de blé entier	½ tasse	125 mL
Sel	½ c. à thé	2 mL
Bicarbonate de soude	¼ c. à thé	1 mL
Sel au céleri	⅛ c. à thé	0,5 mL
Eau, environ	½ tasse	125 mL
Huile de cuisson	¼ tasse	60 mL

Mettre les farines, le sel, le bicarbonate de soude et le sel au céleri dans un bol moyen. Remuer.

Ajouter l'eau et l'huile. Remuer jusqu'à obtenir une boule de pâte, en rajoutant un peu d'eau au besoin. Poser la pâte sur une surface légèrement farinée. La pétrir 20 fois, jusqu'à ce qu'elle soit lisse. Abaisser la pâte à 3 mm (⅛ po) d'épaisseur et le couper en carrés de 5 cm (2 po). Poser les carrés de pâte sur une plaque à pâtisserie graissée et les cuire au four à 275 °F (140 °C) pendant 30 à 40 minutes, jusqu'à ce qu'ils soient dorés. Donne environ 50 craquelins.

5 craquelins : 136 calories; 6,1 g de matières grasses; 187 mg de sodium; 2 g de protéines; 18 g de glucides; 3 g de fibres alimentaires

Photo à la page 53.

NOIX RÔTIES

Ces noix sont foncées. Elles sont irrésistibles.

Sauce soja	½ tasse	125 mL
Sucre granulé	1 c. à thé	5 mL
Gingembre moulu	¼ c. à thé	1 mL
Poudre d'ail	¼ c. à thé	1 mL
Pacanes, en moitiés (ou arachides)	3 tasses	750 mL

Mêler la sauce soja avec le sucre, le gingembre et la poudre d'ail dans un petit bol.

Ajouter les pacanes. Bien remuer. Mettre les pacanes dans un plat graissé de 22 × 33 cm (9 × 13 po). Cuire au four à 200 °F (95 °C) environ 1 heure, en remuant souvent, jusqu'à ce que les pacanes soient sèches. Donne 750 mL (3 tasses).

60 mL (¼ tasse) : 203 calories; 19,6 g de matières grasses; 726 mg de sodium; 3 g de protéines; 7 g de glucides; 2 g de fibres alimentaires

CRAQUELINS ASSAISONNÉS

On goûte bien l'ail.

Eau	6 c. à soupe	100 mL
Fécule de maïs	1 c. à thé	5 mL
Sachet de préparation à vinaigrette ranch	1 × 1 oz	1 × 28 g
Aneth	1 c. à thé	5 mL
Poudre d'ail	½ c. à thé	2 mL
Sel à l'ail	½ c. à thé	2 mL
Huile de cuisson	2 c. à soupe	30 mL
Craquelins aux huîtres (ou autres petits craquelins)	5 tasses	1,25 L

Délayer la fécule de maïs dans l'eau dans une petite casserole. Chauffer en remuant jusqu'à ce que la préparation bouille et épaississe. Retirer du feu.

Incorporer au fouet les 5 prochains ingrédients.

Mettre les craquelins dans un grand bol. Ajouter le mélange à l'aneth. Bien remuer. Étaler le tout sur une grande plaque à pâtisserie non graissée. Cuire au four à 350 °F (175 °C) pendant 30 minutes, en remuant plusieurs fois en cours de cuisson. Donne 1,25 L (5 tasses).

125 mL (½ tasse) : 154 calories; 7,5 g de matières grasses; 557 mg de sodium; 2 g de protéines; 20 g de glucides; trace de fibres alimentaires

NOIX MÉLANGÉES AU FOUR

Une bonne collation quand on a un creux.

Huile de cuisson	1 c. à soupe	15 mL
Poudre chili	2 c. à thé	10 mL
Poudre d'ail	½ c. à thé	2 mL
Poudre d'oignon	½ c. à thé	2 mL
Sauce aux piments	½ c. à thé	2 mL
Sauce Worcestershire	½ c. à thé	2 mL
Noix assorties non salées	2 tasses	500 mL

Mettre les 6 premiers ingrédients dans un bol moyen. Bien mélanger.

Ajouter les noix. Bien remuer pour les enrober. Étaler le tout sur une plaque à pâtisserie non graissée. Cuire au four à 350 °F (175 °C) pendant 12 à 15 minutes, jusqu'à ce que les noix soient dorées. Donne 500 mL (2 tasses).

60 mL (¼ tasse) : 234 calories; 20,5 g de matières grasses; 16 mg de sodium; 6 g de protéines; 10 g de glucides; 2 g de fibres alimentaires

AIL RÔTI

Donne une bonne tartinade qui s'étale bien. Servir avec des tranches de baguette ou des craquelins, ou comme condiment avec des hamburgers ou du bifteck. On peut faire rôtir plusieurs têtes à la fois.

Tête d'ail entière	1	1
Huile d'olive	**2 c. à soupe**	**30 mL**

Poser la tête d'ail sur le côté. En couper le haut pour à peine exposer la pointe des gousses. Poser la tête d'ail, côté coupé vers le haut, dans un plat à ail ou dans une petite cocotte non graissée.

Verser l'huile d'olive sur le milieu de la tête d'ail. Couvrir. Cuire au four à 350 °F (175 °C) environ 40 minutes, jusqu'à ce que la tête d'ail semble caramélisée. Écraser la tête pour faire sortir l'ail ramolli par le haut. Jeter la peau. Combiner l'ail ramolli avec l'huile d'olive accumulée au fond du plat. Donne 30 mL (2 c. à soupe).

5 mL (1 c. à thé) : 52 calories; 4,6 g de matières grasses; 1 mg de sodium; trace de protéines; 2 g de glucides; trace de fibres alimentaires

BOULE DE SAUMON

Une tartinade savoureuse et croquante. La variante est présentée sur des craquelins.

Saumon rouge, en conserve, égoutté, peau et arête ronde ôtées, émietté	**7$\frac{1}{2}$ oz**	**213 g**
Fromage à la crème, ramolli	**8 oz**	**250 g**
Jus de citron	**1 c. à soupe**	**15 mL**
Raifort commercial	**1 c. à soupe**	**15 mL**
Sel	**$\frac{1}{4}$ c. à thé**	**1 mL**
Noix de Grenoble (ou pacanes), hachées fin, grillées	**$\frac{1}{2}$ tasse**	**125 mL**

Bien combiner les 5 premiers ingrédients dans un bol moyen. Réfrigérer pendant au moins 3 heures, jusqu'à ce que le mélange garde sa forme. Façonner une boule.

Rouler la boule dans les noix. Réfrigérer dans un récipient couvert. Donne 425 mL (1$\frac{3}{4}$ tasse).

15 mL (1 c. à soupe) : 54 calories; 4,9 g de matières grasses; 81 mg de sodium; 2 g de protéines; 1 g de glucides; trace de fibres alimentaires

Variante : Façonner des petites boules avec 7 mL (1$\frac{1}{2}$ c. à thé) du mélange à la fois. Les rouler dans les noix de Grenoble ou les pacanes hachées fin. Donne 56 petites boules.

PÂTÉ AU THON

Servir à la température de la pièce pour que le pâté se tartine bien. Accompagner de craquelins ou de coupes grillées, page 14.

Fromage à la crème, ramolli	8 oz	250 g
Sauce chili	2 c. à soupe	30 mL
Ciboulette, hachée	2 c. à thé	10 mL
Persil en flocons	2 c. à thé	10 mL
Poudre d'oignon	½ c. à thé	2 mL
Sauce aux piments	1 c. à thé	5 mL
Oignons verts, hachés	2 c. à soupe	30 mL
Thon, en conserve, égoutté et émietté	2 × 6½ oz	2 × 184 g
Aneth frais, haché (ou 2 mL, ½ c. à thé, d'aneth déshydraté)	2 c. à thé	10 mL

GLAÇAGE AU FROMAGE À LA CRÈME

Fromage à la crème, ramolli	4 oz	125 g
Lait écrémé évaporé (ou crème légère)	1 c. à soupe	15 mL

Bien combiner les 9 premiers ingrédients dans un grand bol. Façonner une boule ou un ovale sur un plat de service. Réfrigérer avant de glacer.

Glaçage au fromage à la crème : Bien battre le fromage à la crème avec le lait évaporé. Glacer le dessus et les côtés du pâté. Réfrigérer. Donne 625 mL (2½ tasses).

15 mL (1 c. à soupe) : 42 calories; 3,3 g de matières grasses; 65 mg de sodium; 3 g de protéines; 1 g de glucides; trace de fibres alimentaires

TARTINADE AU CRABE LUXUEUSE

À conserver au réfrigérateur pour pouvoir la servir, avec des craquelins, quand l'occasion se présente.

Fromage à la crème, ramolli	12 oz	340 g
Sauce à salade (ou mayonnaise)	¼ tasse	60 mL
Sauce Worcestershire	2 c. à soupe	30 mL
Vinaigre blanc	1 c. à thé	5 mL
Oignon doux, émincé	¼ tasse	60 mL
Sauce chili	½ tasse	125 mL
Chair de crabe, en conserve, égouttée, cartilage ôté	2 × 4¼ oz	2 × 120 g
Oignons verts, hachés (ou ciboulette)	2 c. à soupe	30 mL

(suite...)

Combiner les 5 premiers ingrédients dans un bol moyen jusqu'à ce que le mélange soit lisse. Étaler le tout sur une assiette ou une tôle à pizza non graissée de 30 cm (12 po).

Étaler la sauce chili sur le dessus, en arrêtant à environ 12 mm (½ po) du bord. Répandre le crabe sur la sauce, puis les oignons verts. Couvrir. Réfrigérer pendant plusieurs heures pour que les goûts se mêlent. Donne environ 875 mL (3½ tasses).

15 mL (1 c. à soupe) : 30 calories; 2,6 g de matières grasses; 77 mg de sodium; 1 g de protéines; 1 g de glucides; trace de fibres alimentaires

BÛCHE DE FROMAGE

La garniture de graines de sésame, inhabituelle, donne beaucoup de goût.

Cheddar fort, râpé, légèrement tassé	2 tasses	500 mL
Sauce à salade (ou mayonnaise)	¼ tasse	60 mL
Relish de cornichons sucrés	2 c. à soupe	30 mL
Sel assaisonné	½ c. à thé	2 mL
Poudre d'oignon	½ c. à thé	2 mL
Poivron vert, émincé	3 c. à soupe	50 mL
Poivron rouge rôti, haché (ou piments doux hachés)	1 c. à soupe	15 mL
Gros œuf dur, haché fin	1	1
Chapelure de biscotins salés	½ tasse	125 mL
Graines de sésame	¼ tasse	60 mL

Bien combiner les 5 premiers ingrédients dans un bol moyen.

Ajouter les 4 prochains ingrédients. Bien mélanger. Façonner un rouleau de 3,8 cm (1½ po) de diamètre et d'environ 22 cm (9 po) de long. L'envelopper dans du papier ciré. Réfrigérer pendant au moins 1 heure pour que la bûche durcisse.

Étaler les graines de sésame dans un plat non graissé de 22 x 33 cm (9 x 13 po). Les griller au four à 350 °F (175 °C) pendant 5 à 10 minutes, jusqu'à ce que soit légèrement doré. Poser la bûche à un bout du plat et la rouler dans les graines tièdes pour l'enrober. Envelopper dans du papier ciré. Réfrigérer jusqu'au moment de servir. Donne 1 bûche d'environ 500 mL (2 tasses). Couper en 36 tranches.

1 tranche : 50 calories; 3,9 g de matières grasses; 90 mg de sodium; 2 g de protéines; 2 g de glucides; trace de fibres alimentaires

MOUSSE DE CREVETTES

Elle attire naturellement l'attention. Servir avec des craquelins ou des petits carrés de pain foncé.

Sachets de gélatine non parfumée	2 x ¼ oz	2 x 7 g
Eau	½ tasse	125 mL
Fromage à la crème, ramolli	8 oz	250 g
Soupe de tomates condensée	10 oz	284 mL
Sauce à salade (ou mayonnaise)	½ tasse	125 mL
Jus de citron	2 c. à soupe	30 mL
Sel	½ c. à thé	2 mL
Poudre d'oignon	½ c. à thé	2 mL
Sauce Worcestershire	¼ c. à thé	1 mL
Céleri, haché fin	1 tasse	250 mL
Poivron vert, haché fin	⅓ tasse	75 mL
Petites crevettes (ou morceaux), en conserve, égouttées, rincées et hachées	2 x 4 oz	2 x 113 g

Saupoudrer la gélatine sur l'eau dans une petite casserole. Laisser reposer pendant 1 minute. Faire chauffer en remuant jusqu'à ce que la gélatine soit dissoute. Retirer du feu.

Battre le fromage à la crème et la soupe de tomates dans un petit bol jusqu'à ce que le mélange soit lisse. Incorporer la sauce à salade, le jus de citron, le sel, la poudre d'oignon et la sauce Worcestershire en battant. Ajouter la gélatine dissoute. Bien remuer.

Incorporer les 3 derniers ingrédients en pliant. Verser le tout dans un moule de 1,5 L (6 tasses). Réfrigérer. Donne 1,4 L (5½ tasses).

15 mL (1 c. à soupe) : 142 calories; 3,2 g de matières grasses; 117 mg de sodium; 2 g de protéines; 2 g de glucides; trace de fibres alimentaires

TARTINADE AU FROMAGE ET AUX ABRICOTS

Une des recettes les plus rapides, les plus simples et les meilleures. Servir avec les craquelins festifs, page 117, sans oublier un couteau à tartinades.

Fromage à la crème	8 oz	250 g
Confiture d'abricots	⅓ tasse	75 mL
Moutarde sèche	1½ c. à thé	7 mL
Vinaigre de cidre	½ c. à thé	2 mL

(suite...)

Poser le bloc de fromage à la crème sur une assiette de service.

Combiner la confiture avec la moutarde et le vinaigre dans un petit bol. Donne 75 mL (⅓ tasse). Dresser le mélange à la cuillère sur le fromage à la crème, en le laissant s'écouler sur les bords. Donne environ 16 portions.

1 portion : *75 calories; 5,6 g de matières grasses; 47 mg de sodium; 1 g de protéines; 5 g de glucides; trace de fibres alimentaires*

Photo à la page 53.

MOUSSE AU SAUMON

Une tartinade attirante, qui disparaît vite. Servir avec les coupes grillées, page 14 ou un assortiment de craquelins.

Sachet de gélatine non parfumée	1 x ¼ oz	1 x 7 g
Eau	½ tasse	125 mL
Sauce à salade (ou mayonnaise)	½ tasse	125 mL
Crème sure	¼ tasse	60 mL
Jus de citron	1 c. à soupe	15 mL
Aneth	2 c. à thé	10 mL
Poudre d'oignon	1 c. à thé	5 mL
Paprika	1 c. à thé	5 mL
Sauce aux piments	½ c. à thé	2 mL
Sel	¼ c. à thé	1 mL
Saumon rouge, en conserve, égoutté, peau et arêtes ôtées, émietté	7½ oz	213 g
Sachet de garniture à dessert, préparée selon le mode d'emploi	1	1

Saupoudrer la gélatine sur l'eau dans une petite casserole. Laisser reposer pendant 1 minute. Faire chauffer en remuant jusqu'à ce que la gélatine soit dissoute. Retirer du feu. Laisser refroidir.

Ajouter les 8 prochains ingrédients. Bien combiner le tout au fouet. Réfrigérer, en remuant souvent, jusqu'à ce que la préparation commence à épaissir.

Incorporer le saumon en pliant.

Incorporer la garniture au mélange de saumon en pliant. Verser le tout dans un moule de 1 L (4 tasses). Réfrigérer. Donne 1 L (4 tasses).

30 mL (2 c. à soupe) : *40 calories; 3,2 g de matières grasses; 73 mg de sodium; 1 g de protéines; 1 g de glucides; trace de fibres alimentaires*

BRUSCHETTA AU BRIE

Un merveilleux mélange de basilic et d'ail qui plaît à tous. À servir avec un couteau à tartinades.

Petite tomate, épépinée et hachée fin	1	1
Gousse d'ail, écrasée	1	1
Huile d'olive	1 c. à thé	5 mL
Basilic déshydraté, broyé	1½ c. à thé	7 mL
Sel	¼ c. à thé	1 mL
Poivre, une pincée		
Roue de brie, avec l'enveloppe	4 oz	125 g
Tranches de baguette, grillées ou non	12	12

Combiner les 6 premiers ingrédients dans un petit bol. Remuer. Laisser reposer 1 heure à la température de la pièce.

Poser le brie dans un petit récipient rond peu profond. Avec une écumoire, dresser le mélange de tomate sur le fromage, en laissant la plupart du liquide s'égoutter. Jeter le liquide qui reste. Cuire au four à découvert à 375 °F (190 °C) 8 à 10 minutes, le temps que le fromage mollisse. Avec une spatule à crêpes, soulever le brie et le poser sur une grande assiette.

Poser les tranches de baguette autour. Donne 12 portions comme hors-d'œuvre.

1 portion : 151 calories; 4,1 g de matières grasses; 343 mg de sodium; 6 g de protéines; 22 g de glucides; 1 g de fibres alimentaires

Photo à la page 53.

Accessoires fournis par : Eaton, Kitchen Treasures, Scona Clayworks, La Baie

GÂTEAU AU FROMAGE ÉPICÉ

Servir en pointes plus grosses comme entrée à table ou en pointes plus petites sur un plateau de crudités ou de croustilles de maïs.

FOND

Margarine dure (ou beurre)	½ tasse	125 mL
Chapelure de biscuits au soda	1½ tasse	375 mL
Parmesan râpé	¼ tasse	60 mL

GARNITURE

Fromage à la crème, ramolli	2 × 8 oz	2 × 250 g
Monterey Jack, râpé	1 tasse	250 mL
Cheddar fort, râpé	1 tasse	250 mL
Crème sure	1 tasse	250 mL
Poudre d'oignon	½ c. à thé	2 mL
Sel	¼ c. à thé	1 mL
Poivre	⅛ c. à thé	0,5 mL
Gros œufs	3	3
Piments verts hachés, en conserve, égouttés	4 oz	114 mL

DÉCORATION

Salsa	½ tasse	125 mL

Fond : Faire fondre la margarine dans une casserole moyenne. Ajouter la chapelure et le parmesan. Mélanger. Presser le tout dans un moule à charnière non graissé de 22 cm (9 po). Cuire au four à 350 °F (175 °C) pendant 10 minutes. Laisser refroidir.

Garniture : Combiner les 7 premiers ingrédients dans un grand bol. Battre jusqu'à ce que le mélange soit lisse et crémeux.

Incorporer lentement les œufs 1 à 1, en battant après chaque ajout jusqu'à ce que l'œuf soit tout juste combiné. Ajouter les piments verts. Remuer. Verser le tout dans le moule. Cuire pendant 50 minutes, jusqu'à ce que le centre soit à peine pris. Sortir du four et passer immédiatement la lame d'un couteau pointu autour du gâteau pour qu'il tombe uniformément. Laisser refroidir. Réfrigérer jusqu'au lendemain.

Décoration : Étaler la salsa sur le dessus du gâteau au fromage refroidi. Couper en 20 pointes.

1 pointe : 246 calories; 21,1 g de matières grasses; 475 mg de sodium; 8 g de protéines; 7 g de glucides; trace de fibres alimentaires

BOULE DE FROMAGE AU CHILI

Servir cette tartinade savoureuse avec des craquelins. Elle est très légèrement piquante.

Fromage à la crème, ramolli	8 oz	250 g
Pâté de préparation de fromage fondu (Velveeta par exemple), à la température de la pièce	8 oz	250 g
Cheddar mi-fort, râpé	2 tasses	500 mL
Poudre chili	1½ c. à thé	7 mL
Poudre d'ail	¼ c. à thé	1 mL
Sel à l'oignon	¹⁄₁₆ c. à thé	0,5 mL
Pacanes (ou noix de Grenoble), hachées	½ tasse	125 mL

Bien combiner les 6 premiers ingrédients dans un bol moyen. Réfrigérer jusqu'à ce que la préparation garde sa forme. Façonner une boule.

Rouler la boule dans les pacanes pour l'enrober. Envelopper dans une pellicule plastique. Donne 810 mL (3¼ tasses).

15 mL (1 c. à soupe) : 57 calories; 5 g de matières grasses; 117 mg de sodium; 2 g de protéines; 1 g de glucides; trace de fibres alimentaires

BOULE AU BLEU

La recette contient juste assez de bleu pour relever le tout. La boule est jolie seule ou entourée de craquelins.

Fromage à la crème, ramolli	8 oz	250 g
Bleu, ramolli	4 oz	125 g
Cheddar mi-fort, râpé	2 tasses	500 mL
Pacanes (ou noix de Grenoble), hachées	½ tasse	125 mL
Persil en flocons	1 c. à soupe	15 mL
Sauce Worcestershire	1 c. à thé	5 mL
Poudre d'oignon	½ c. à thé	2 mL
Pacanes (ou noix de Grenoble), hachées	½ tasse	125 mL

Combiner les 7 premiers ingrédients dans un grand bol. Bien mélanger. Façonner une boule.

Répandre la seconde quantité de pacanes sur un plan de travail. Rouler la boule dans les pacanes pour l'enrober. Réfrigérer. Servir à la température de la pièce. Donne environ 750 mL (3 tasses).

15 mL (1 c. à soupe) : 62 calories; 5,7 g de matières grasses; 81 mg de sodium; 2 g de protéines; 1 g de glucides; trace de fibres alimentaires

ASPICS MOULÉS

Les salades individuelles servies sur un lit de laitue sont toujours si jolies.

Sachets de gélatine non parfumée	2 x ¼ oz	2 × 7 g
Eau	½ tasse	125 mL
Soupe de tomates condensée	10 oz	284 mL
Fromage à la crème, coupé en morceaux	8 oz	250 g
Sauce à salade (ou mayonnaise)	¾ tasse	175 mL
Crème sure	¼ tasse	60 mL
Olives vertes farcies aux piments doux, hachées	¼ tasse	60 mL
Céleri, haché	½ tasse	125 mL
Poudre d'oignon	¼ c. à thé	1 mL
Sel	¼ c. à thé	1 mL
Sucre granulé	1 c. à thé	5 mL
Laitue iceberg, déchiquetée	5 tasses	1,25 L
Fines tranches de concombre pelé	10	10
Crème sure (ou mayonnaise)	2 c. à soupe	30 mL

Saupoudrer la gélatine sur l'eau dans une casserole moyenne. Laisser reposer 1 minute. Chauffer en remuant jusqu'à ce que la gélatine soit dissoute.

Ajouter la soupe de tomates. Bien mélanger. Ajouter le fromage à la crème. Faire chauffer en remuant souvent jusqu'à ce que le fromage à la crème soit fondu, en se servant d'un fouet ou d'un malaxeur au besoin.

Incorporer la sauce à salade et la première quantité de crème sure au fouet. Ajouter les olives, le céleri, la poudre d'oignon, le sel et le sucre. Bien remuer. Verser la préparation dans 10 moules à aspics de 75 mL (⅓ tasse). Réfrigérer pour 20 minutes. Remuer délicatement pour répartir le contenu. Réfrigérer jusqu'à ce que les aspics soient pris.

Pour que les aspics se démoulent facilement, les laisser reposer à la température de la pièce pendant 30 à 45 minutes. Répartir la laitue sur 10 petites assiettes. Démouler un aspic sur chaque assiette. Décorer d'une tranche de concombre garnie d'un feston de crème sure. Donne 10 aspics.

1 aspic : 218 calories; 19 g de matières grasses; 554 mg de sodium; 4 g de protéines; 9 g de glucides; 1 g de fibres alimentaires

SALADE DE CREVETTES ET DE PAPAYE

Une salade attrayante et savoureuse. Les goûts s'allient parfaitement.

SAUCE À L'ANETH

Crème sure	¼ tasse	60 mL
Sauce à salade (ou mayonnaise)	¼ tasse	60 mL
Jus de citron	1 c. à thé	5 mL
Aneth	½ c. à thé	2 mL
Sucre granulé	½ c. à thé	2 mL
Coupes de laitue	4	4
Papayes, pelées, épépinées et coupées en dés	2	2
Crevettes moyennes cuites, écalées et nettoyées	1 tasse	250 mL

Sauce à l'aneth : Combiner la crème sure, la sauce à salade, le jus de citron, l'aneth et le sucre dans un petit bol. On peut préparer la sauce à l'avance et la réfrigérer.

Poser les coupes de laitue sur 4 petites assiettes. Ajouter le ¼ des papayes sur la laitue. Répartir les crevettes sur les papayes. Arroser les crevettes de sauce. Pour 4 personnes.

1 portion : 199 calories; 10,4 g de matières grasses; 185 mg de sodium; 9 g de protéines; 19 g de glucides; 3 g de fibres alimentaires

Photo à la page 143.

SALADE DE PISTACHES

Les épinards vert foncé et le fromage cottage blanc forment un contraste étonnant. Un plat qui a fière allure.

Salade de fruits, en conserve, égouttée	14 oz	398 mL
Ananas broyé, en conserve, bien égoutté	8 oz	227 mL
Pouding instantané à la pistache, format 4 portions (ajouter la poudre)	1	1
Fromage cottage en crème	2 tasses	500 mL
Guimauves miniatures	1 tasse	250 mL
Sachet de garniture à dessert, préparée selon le mode d'emploi	1	1
Épinards frais, déchiquetés et tassés	4 tasses	1 L
Cerises au marasquin, séchées avec un essuie-tout	8	8
Pistaches, hachées (facultatif)	1 c. à soupe	15 mL

(suite...)

Bien combiner les 3 premiers ingrédients dans un grand bol.

Ajouter le fromage cottage et les guimauves. Remuer. Incorporer la garniture à dessert en pliant.

Répartir les épinards sur 8 petites assiettes. Dresser la salade sur les épinards avec une cuillère à crème glacée.

Décorer chaque portion avec une cerise et une pincée de pistaches. Pour 8 personnes.

1 portion : *196 calories; 3,5 g de matières grasses; 355 mg de sodium; 10 g de protéines; 33 g de glucides; 2 g de fibres alimentaires*

SALADE DE FRUITS FRAIS

Une salade aux allures de fête, à servir en entrée. La sauce est savoureuse et nappe bien les fruits.

SAUCE À L'ABRICOT		
Abricots déshydratés	8	8
Eau bouillante, pour couvrir		
Yogourt à la vanille	¾ tasse	175 mL
SALADE		
Fraises fraîches entières, coupées en deux	6	6
Kiwis, pelés et tranchés sur la hauteur en 6 quartiers	4	4
Raisins rouges sans pépins, en moitiés	18	18
Boules ou morceaux de cantaloup	24	24
Bleuets frais	½ tasse	125 mL
Minces quartiers de pomme rouge non pelés, trempés dans du jus de citron	12	12

Sauce à l'abricot : Plonger les abricots dans l'eau bouillante et les laisser tremper environ 20 minutes. Égoutter. Les mettre dans le mélangeur.

Ajouter le yogourt. Combiner jusqu'à ce que la sauce soit lisse. Donne 175 mL (¾ tasse) de sauce à salade.

Salade : Disposer les fruits sur une grande assiette, en commençant par les fraises au centre. Ajouter les autres fruits en cercles successifs autour des fraises. Piquer les quartiers de pomme, avec la pelure vers l'extérieur, parmi les autres fruits. Arroser de sauce. Pour 6 personnes.

1 portion : *129 calories; 1,3 g de matières grasses; 35 mg de sodium; 4 g de protéines; 29 g de glucides; 4 g de fibres alimentaires*

ENTRÉE AUX BLEUETS

Cette salade est si délicieuse qu'elle ferait presque un dessert.

Sachets de gélatine parfumée à la framboise (gelée en poudre)	2 × 3 oz	2 × 85 g
Eau bouillante	2 tasses	500 mL
Jus réservé des bleuets et de l'ananas, additionné d'eau au besoin pour faire	1 tasse	250 mL
Bleuets, en conserve, égouttés, jus réservé	14 oz	398 mL
Ananas broyé, en conserve, égoutté et jus réservé	14 oz	398 mL
SAUCE AU FROMAGE À LA CRÈME		
Fromage à la crème léger, ramolli	8 oz	250 g
Sucre granulé	½ tasse	125 mL
Crème sure légère	1 tasse	250 mL
Vanille	1 c. à thé	5 mL
Pacanes (ou noix de Grenoble), hachées	½ tasse	125 mL
Coupes de laitue	9	9

Combiner la gélatine et l'eau bouillante dans un bol moyen. Remuer jusqu'à ce que la gélatine soit dissoute.

Ajouter les jus réservés. Remuer. Réfrigérer, en remuant et en raclant les parois du bol de temps en temps, jusqu'à ce que la préparation ait la consistance d'un sirop.

Ajouter les bleuets et l'ananas. Remuer. Verser le tout dans un moule carré non graissé de 22 × 22 cm (9 × 9 po). Réfrigérer jusqu'à ce que la préparation soit prise.

Sauce au fromage à la crème : Battre le fromage à la crème avec le sucre, la crème sure et la vanille dans un bol moyen jusqu'à ce que la sauce soit lisse. L'étaler sur la première couche ou arroser les portions individuelles d'un filet de sauce.

Répandre les pacanes sur le dessus.

Poser les coupes de laitue sur 9 assiettes. Couper la salade en 9 morceaux et poser un morceau sur chaque assiette. Pour 9 personnes.

1 portion : 310 calories; 10,9 g de matières grasses; 306 mg de sodium; 6 g de protéines; 50 g de glucides; 2 g de fibres alimentaires

SALADE CHOW MEIN

De la couleur, du goût et du croquant. Cette salade ne manque de rien.

NOUILLES

Margarine dure (ou beurre)	1½ c. à soupe	25 mL
Sauce Worcestershire	1½ c. à thé	7 mL
Sel assaisonné	¼ c. à thé	1 mL
Sel à l'ail	⅛ c. à thé	0,5 mL
Poudre d'oignon	⅛ c. à thé	0,5 mL
Poudre de cari	¼ c. à thé	1 mL
Nouilles chow mein	1 tasse	250 mL

SALADE

Tête de romaine, découpée	1	1
Lanières de poivron vert de 2,5 à 3,8 cm (1 à 1½ po) de long	⅔ tasse	150 mL
Tomates moyennes, en moitiés, épépinées et coupées en quartiers minces	2	2

SAUCE

Sauce à salade (ou mayonnaise)	⅓ tasse	75 mL
Vinaigrette française (rouge)	2 c. à soupe	30 mL
Lait	2 c. à soupe	30 mL
Sucre granulé	½ c. à thé	2 mL

Nouilles : Mettre les 6 premiers ingrédients dans une casserole moyenne. Faire chauffer en remuant jusqu'à ce que la margarine ait fondu.

Ajouter les nouilles. Bien remuer pour les enrober, puis les étaler sur une plaque à pâtisserie non graissée. Cuire au four à 250 °F (120 °C) pendant 15 minutes. Laisser refroidir.

Salade : Combiner les 3 ingrédients dans un grand bol.

Sauce : Verser les 4 ingrédients dans un petit bol. Remuer. Ajouter la sauce à la salade, ainsi que les nouilles. Remuer. Donne 2 L (8 tasses).

250 mL (1 tasse) : 141 calories; 11,2 g de matières grasses; 266 mg de sodium; 2 g de protéines; 9 g de glucides; 2 g de fibres alimentaires

ASPICS ROSES

Des petites salades au goût de crème à la framboise, avec plein de pacanes croquantes. La consistance est celle d'une mousse.

Sachet de gélatine parfumée à la framboise (gelée en poudre)	**1 × 3 oz**	**1 × 85 g**
Eau bouillante	**1 tasse**	**250 mL**
Fromage à la crème, ramolli	**4 oz**	**125 g**
Ananas broyé, en conserve, bien égoutté	**8 oz**	**227 mL**
Sachet de garniture à dessert, préparée selon le mode d'emploi	**1**	**1**
Pacanes (ou noix de Grenoble), hachées	**½ tasse**	**125 mL**
Coupes de laitue	**8**	**8**

Combiner la gélatine dans l'eau bouillante dans un bol moyen jusqu'à ce qu'elle soit dissoute. Réfrigérer, en remuant et en raclant les parois du bol de temps en temps, jusqu'à ce que la préparation ait la consistance d'un sirop.

Écraser le fromage à la crème avec une fourchette dans un bol moyen jusqu'à ce qu'il soit très mou. Ajouter l'ananas. Mélanger. Incorporer à la gelée épaissie.

Incorporer la garniture à dessert et les pacanes en pliant. Donne 1,1 L (4½ tasses) de gelée. Remplir 8 moules à aspics individuels d'environ 125 mL (½ tasse) chacun. Réfrigérer jusqu'à ce que la préparation soit prise.

Poser les coupes de laitue sur 8 petites assiettes. Démouler les aspics sur les assiettes. Pour 8 personnes.

1 portion : 191 calories; 12,8 g de matières grasses; 87 mg de sodium; 4 g de protéines; 17 g de glucides; 1 g de fibres alimentaires

Une salade artistique qui alimente la conversation. Elle est si jolie qu'on hésite à la défaire.

VINAIGRETTE AU PAVOT

Sucre granulé	⅓ tasse	75 mL
Vinaigre blanc	¼ tasse	60 mL
Moutarde préparée	1½ c. à thé	7 mL
Raifort commercial	¼ c. à thé	1 mL
Sel	¼ c. à thé	1 mL
Poivre, une petite pincée		
Huile de cuisson	⅓ tasse	75 mL
Graines de pavot	1½ c. à thé	7 mL

SALADE

Pak-choï, feuilles intérieures	18	18
Tranches très fines coupées sur la longueur d'un petit concombre	18	18
Tranches du milieu d'un cantaloup, pelées	6	6
Anneaux de poivron rouge	6	6
Fraises (ou tomates cerises), coupées en éventail, pour décorer	18	18

Vinaigrette au pavot : Verser les 6 premiers ingrédients dans le mélangeur. Combiner jusqu'à ce que la vinaigrette soit lisse.

Sans arrêter le mélangeur, ajouter l'huile un en lent filet ininterrompu jusqu'à ce que la vinaigrette ait épaissi.

La verser dans un récipient. Ajouter les graines de pavot et remuer. Réfrigérer jusqu'au moment voulu. Donne 150 mL (⅔ tasse) de vinaigrette.

Salade : Poser 3 feuilles de pak-choï sur 6 petites assiettes en les disposant en rayon depuis le centre et à égale distance les unes des autres. Poser 1 tranche de concombre sur chaque feuille, en taillant le bout qui dépasse. Poser 1 anneau de cantaloup au centre de l'assiette, puis un anneau de poivron rouge sur le cantaloup.

Inciser les fraises depuis le haut vers le bas, mais sans les couper complètement. Les presser légèrement pour ouvrir l'éventail. Poser 1 fraise au centre de chaque anneau de poivron rouge et entre les feuilles de pak-choï. Arroser chaque assiette d'environ 30 mL (2 c. à soupe) de vinaigrette. Pour 6 personnes.

1 portion : 190 calories; 13,4 g de matières grasses; 141 mg de sodium; 1 g de protéines; 18 g de glucides; 1 g de fibres alimentaires

Photo à la page 143.

SALADE BLANCHE

La salade blanche est entourée d'une bordure verte.

Laitue vert foncé, déchiquetée (romaine par exemple) et tassée	3 tasses	750 mL
Champignons blancs frais, tranchés	1½ tasse	375 mL
Branches centrales blanches d'un céleri, tranchées	1½ tasse	375 mL
Radis, pelés et tranchés	½ tasse	125 mL
Monterey Jack, râpé	¾ tasse	175 mL
VINAIGRETTE AU MIEL		
Miel liquide	⅓ tasse	75 mL
Vinaigre blanc	¼ tasse	60 mL
Huile de cuisson	3 c. à soupe	50 mL
Poivre, une petite pincée		

Dresser un anneau de laitue sur le tour de 6 petites assiettes.

Répartir les champignons, le céleri et le radis sur le tour des assiettes, sans recouvrir complètement la bordure. Empiler le fromage au centre.

Vinaigrette au miel : Bien combiner les 4 ingrédients dans un petit bol. Donne 150 mL (⅔ tasse). Arroser chaque salade d'environ 30 mL (2 c. à soupe) de vinaigrette. Pour 6 personnes.

1 portion : 194 calories; 11,7 g de matières grasses; 114 mg de sodium; 5 g de protéines; 20 g de glucides; 1 g de fibres alimentaires

SALADE AUX AVOCATS

L'avocat crémeux et lisse se distingue nettement. Un délice.

Sauce chili	¼ tasse	60 mL
Jus de citron	1 c. à soupe	15 mL
Sucre granulé	4 c. à thé	20 mL
Poudre d'oignon	¼ c. à thé	1 mL
Sauce Worcestershire	½ c. à thé	2 mL
Sel	½ c. à thé	2 mL
Sel au céleri	¼ c. à thé	1 mL
Poudre d'ail	¼ c. à thé	1 mL
Avocats, pelés et tranchés	2	2
Légumes à feuilles verts, découpés	2 tasses	500 mL

(suite...)

Bien combiner les 8 premiers ingrédients dans un bol moyen.

Ajouter les avocats. Remuer pour les napper. Couvrir. Réfrigérer pendant plusieurs heures ou jusqu'au lendemain, en remuant délicatement une ou deux fois.

Répartir les légumes sur 4 petites assiettes. Dresser délicatement les avocats et la sauce sur les assiettes. Pour 4 personnes.

1 portion : 205 calories; 15,6 g de matières grasses; 693 mg de sodium; 3 g de protéines; 18 g de glucides; 4 g de fibres alimentaires

SALADE EN COUPES

Des couches de crabe, de laitue et de légumes, garnies de fromage. La présentation sort de l'ordinaire.

Sauce à salade (ou mayonnaise)	¼ tasse	60 mL
Relish de cornichons sucrés	2 c. à thé	10 mL
Céleri, haché fin	2 c. à thé	10 mL
Persil en flocons	1 c. à thé	5 mL
Poudre d'oignon	⅛ c. à thé	0,5 mL
Crème sure	3 c. à soupe	50 mL
Sel	¼ c. à thé	1 mL
Lait	1 c. à soupe	15 mL
Chair de crabe, en conserve, égouttée, cartilage ôté	4¼ oz	120 g
Gros œufs durs, hachés	2	2
Laitue, hachée et tassée	1 tasse	250 mL
Oignons verts, tranchés fin	2	2
Petits pois cuits, refroidis	½ tasse	125 mL
Cheddar mi-fort, râpé	¼ tasse	60 mL

Combiner les 10 premiers ingrédients dans un bol moyen. Remuer.

Répartir la laitue dans 4 grands verres à pied, dans des verres à eau ou dans d'autres verres.

Répartir le mélange de crabe sur la laitue, sans tacher le verre. Répartir les oignons verts et les petits pois en couches sur le crabe.

Ajouter 15 mL (1 c. à soupe) de fromage à chaque verre. Réfrigérer jusqu'au moment de servir. Pour 4 personnes.

1 portion : 211 calories; 15,1 g de matières grasses; 565 mg de sodium; 11 g de protéines; 8 g de glucides; 1 g de fibres alimentaires

SALADE EN CORNETS

Ces petits cornets remplis de garniture aux fruits et au poulet et de sauce au cari sont fort impressionnants.

CORNETS DE PÂTE

Pâte feuilletée surgelée (voir remarque) dégelée selon le mode d'emploi	½ × 14,1 oz	½ × 397 g
Gros œuf, battu à la fourchette	1	1

SALADE

Poulet cuit, coupé en bouchées	1 tasse	250 mL
Céleri, en dés	¼ tasse	60 mL
Petits morceaux d'ananas, en conserve, égouttés et coupés en morceaux plus petits (réserver les morceaux entiers qui restent pour la décoration)	¼ tasse	60 mL
Raisins verts sans pépins, en quartiers	½ tasse	125 mL
Amandes tranchées, grillées et hachées	¼ tasse	60 mL
Sel, une pincée		
Poivre, une pincée		

SAUCE AU CARI

Sauce à salade (ou mayonnaise)	¼ tasse	60 mL
Jus de citron	¾ c. à thé	4 mL
Sauce soja	¾ c. à thé	4 mL
Poudre de cari, à peine	½ c. à thé	2 mL
Lait	1 c. à soupe	15 mL

DÉCORATION

Raisins verts sans pépins	12	12
Lanières de piments doux	12	12
Petits morceaux d'ananas réservés, coupés		

Cornets de pâte : Abaisser la pâte sur une surface légèrement farinée en un carré de 30 × 30 cm (12 × 12 po). La couper en longues bandes d'environ 2 à 2,5 cm (¾ à 1 po) de large.

Badigeonner d'œuf 1 bande de pâte. Retourner. ❶ Poser le bout pointu d'une forme en métal au bas de la bande. ❷ Enrouler la pâte autour de la forme de sorte qu'elle se chevauche légèrement en remontant vers le bout ouvert. Poser sur une plaque à pâtisserie graissée. Préparer ainsi toutes les bandes de pâte. Cuire au four à 425 °F (220 °C) pendant 15 à 20 minutes, jusqu'à ce que les cornets soient dorés. Laisser reposer 10 minutes avant de dégager délicatement les cornets des formes.

(suite...)

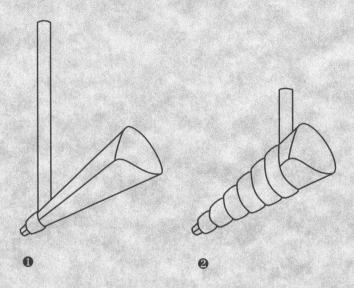

Salade : Combine les 7 ingrédients dans un bol moyen. Remuer. Réfrigérer jusqu'au moment voulu.

Sauce au cari : Combiner les 5 ingrédients dans un petit bol. Réfrigérer jusqu'au moment voulu.

Poser 1 cornet sur 8 petites assiettes. Combiner la salade et la sauce et bien remuer. Mettre délicatement une petite quantité de salade dans les cornets, à la cuillère. Dresser le reste de salade à l'ouverture des cornets.

Décoration : Poser 2 raisins d'un côté de chaque cornet. Poser deux lanières de piments doux sur la salade. Répartir les morceaux d'ananas autour de l'assiette. Pour 8 personnes.

1 portion : 336 calories; 22,2 g de matières grasses; 392 mg de sodium; 10 g de protéines; 24 g de glucides; 1 g de fibres alimentaires

Photo à la page 53.

Remarque : Cette quantité de pâte permet de faire 12 cornets. La recette donne assez de salade pour remplir 8 cornets. Les cornets restants peuvent être surgelés.

SALADE DE GERMES DE SOJA

La sauce est relevée, les légumes sont croquants, les poivrons sont colorés. Difficile de trouver plus frais.

Germes de soja frais, hachés	3 tasses	750 mL
Oignon vert, haché	1	1
Champignons frais, tranchés	⅔ tasse	150 mL
Très fines lanières de poivron rouge de 2,5 cm (1 po) de long	¼ tasse	60 mL
Vinaigre de cidre	1 c. à soupe	15 mL
Sauce soja	1 c. à soupe	15 mL
Sucre granulé	½ c. à thé	2 mL
Huile de cuisson	2 c. à thé	10 mL
Coupes de laitue (ou laitue déchiquetée)	4	4

Combiner les germes de soja, les oignons verts, les champignons et le poivron rouge dans un bol moyen.

Combiner le vinaigre avec la sauce soja, le sucre et l'huile dans une petite tasse. Bien remuer. Ajouter le tout aux légumes. Remuer.

Poser les coupes de laitue sur 4 petites assiettes. Répartir le mélange de germes de soja sur les assiettes. Pour 4 personnes.

1 portion : 57 calories; 2,5 g de matières grasses; 267 mg de sodium; 3 g de protéines; 7 g de glucides; 1 g de fibres alimentaires

Photo à la page 125.

CHAUDRÉE DE MAÏS

Le goût du bacon relève cette délicieuse soupe bien épaisse.

Tranches de bacon, en dés	5	5
Oignon haché	½ tasse	125 mL
Pommes de terre moyennes, pelées et coupées en dés	2	2
Eau	1 tasse	250 mL
Maïs en crème, en conserve	2 × 14 oz	2 × 398 mL
Sel	½ c. à thé	2 mL
Poivre	¼ c. à thé	1 mL
Persil en flocons	2 c. à thé	10 mL
Lait	3 tasses	750 mL

(suite...)

Faire frire le bacon dans une poêle à frire pendant 5 à 8 minutes. Égoutter. Ajouter l'oignon et le faire revenir jusqu'à ce qu'il soit mou.

Cuire les pommes de terre dans l'eau dans une grande casserole jusqu'à ce qu'elles soient tendres. Ne pas les égoutter.

Ajouter les 5 derniers ingrédients. Ajouter le bacon et l'oignon. Remuer. Réchauffer complètement. Donne 2,1 L (8¾ tasses). Pour 8 personnes.

1 portion : 167 calories; 3,5 g de matières grasses; 590 mg de sodium; 7 g de protéines; 30 g de glucides; 2 g de fibres alimentaires

CRÈME DE LÉGUMES

Une soupe crémeuse et délicieuse avec des brins verts à la surface.

Oignon haché	½ tasse	125 mL
Carottes, en dés	1 tasse	250 mL
Haricots verts surgelés	⅔ tasse	150 mL
Maïs en grains surgelé	½ tasse	125 mL
Panais (ou rutabaga), en dés	1 tasse	250 mL
Eau	1 tasse	250 mL
Petits pois surgelés	½ tasse	125 mL
Sel au céleri	⅛ c. à thé	0,5 mL
Sel	½ c. à thé	2 mL
Poivre	⅛ c. à thé	0,5 mL
Bouillon de poulet en poudre	2 c. à thé	10 mL
Lait	2 tasses	500 mL

Mettre les 6 premiers ingrédients dans une casserole moyenne. Porter à ébullition. Laisser mijoter sous couvert jusqu'à ce que les légumes soient cuits. Verser tout le contenu de la casserole dans le mélangeur.

Ajouter les petits pois, le sel au céleri, le sel, le poivre et le bouillon en poudre. Combiner jusqu'à ce que le tout soit lisse. Remettre la préparation dans la casserole. Réchauffer, en remuant souvent, jusqu'à ce que la soupe mijote. Laisser mijoter 1 minute.

Ajouter le lait. Faire chauffer en remuant souvent jusqu'à ce que la soupe bouille presque. Donne 1,25 L (5 tasses). Pour 4 personnes.

1 portion : 147 calories; 2,1 g de matières grasses; 807 mg de sodium; 8 g de protéines; 26 g de glucides; 4 g de fibres alimentaires

SOUPE AU GOUDA

Cette soupe à la texture d'une chaudrée. Une petite portion suffit.

Lait écrémé évaporé	13½ oz	385 mL
Farine tout usage	¼ tasse	60 mL
Lait	2 tasses	500 mL
Sel	½ c. à thé	2 mL
Poivre (préférablement blanc), une pincée		
Sauce Worcestershire	¾ c. à thé	4 mL
Gouda (ou Édam), râpé	2 tasses	500 mL
Ciboulette déshydratée, hachée, pour décorer	2 c. à soupe	30 mL
Gouda (ou Édam), râpé, pour décorer	2 c. à soupe	30 mL

Combiner le lait évaporé et la farine au fouet dans une grande casserole jusqu'à ce qu'il ne reste plus de grumeaux.

Ajouter les 4 prochains ingrédients. Faire chauffer, en remuant sans arrêt, jusqu'à ce que la soupe bouille et épaississe légèrement.

Ajouter la première quantité de fromage. Battre jusqu'à ce qu'il ait fondu.

Répartir la ciboulette hachée et la seconde quantité de fromage sur les bols. Servir la soupe très chaude. Donne 1,1 L (4½ tasses). Pour 6 personnes.

1 portion : 256 calories; 12,3 g de matières grasses; 692 mg de sodium; 19 g de protéines; 17 g de glucides; trace de fibres alimentaires

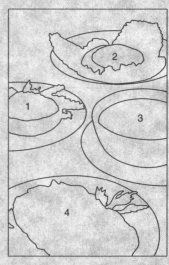

1. Champignons champions, page 80
2. Salade parfaite, page 135
3. Soupe aux pêches, page 147
4. Salade de crevettes et de papaye, page 130

Accessoires fournis par :　Eaton, Handworks Gallery,
Scona Clayworks, Stokes,
La Baie

PURÉE DE HARICOTS

On peut modifier la couleur en changeant de haricots. Garnir d'un feston de crème sure ou de yogourt. Une bonne soupe.

Margarine dure (ou beurre)	2 c. à thé	10 mL
Oignon, haché fin	¼ tasse	60 mL
Carottes, râpées	½ tasse	125 mL
Gousse d'ail, émincée (ou 1 mL,	1	1
¼ c. à thé, de poudre d'ail)		
Eau	2½ tasses	625 mL
Bouillon de poulet en poudre	1 c. à soupe	15 mL
Haricots de Lima, en conserve,	14 oz	398 mL
égouttés		
Sherry (ou sherry sans alcool)	1 c. à soupe	15 mL

Faire chauffer la margarine dans une grande casserole. Ajouter l'oignon, les carottes et l'ail et les faire revenir jusqu'à ce que l'oignon soit mou.

Ajouter l'eau et le bouillon en poudre. Laisser mijoter 15 minutes.

Ajouter les haricots. Laisser mijoter 15 minutes. Réduire en purée dans le mélangeur, puis remettre le tout dans la casserole. Réchauffer complètement.

Incorporer le sherry en remuant. Donne 750 mL (3 tasses). Pour 4 personnes.

1 portion : 107 calories; 2,6 g de matières grasses; 658 mg de sodium; 5 g de protéines; 16 g de glucides; 1 g de fibres alimentaires

Variante : Remplacer les haricots de lima par une boîte de 540 mL (19 oz) de haricots noirs égouttés. La soupe est alors plus foncée.

CRÈME DE CREVETTES

Cette soupe est à base de soupe en boîte.

Margarine dure (ou beurre)	2 c. à thé	10 mL
Céleri, haché	3 c. à soupe	50 mL
Oignons verts, hachés	3	3
Crème d'asperges condensée	2 × 10 oz	2 × 284 mL
Lait	1½ tasse	375 mL
Poudre d'ail	¼ c. à thé	1 mL
Sauce Worcestershire	1 c. à thé	5 mL
Poivre de Cayenne	¹⁄₁₆ c. à thé	0,5 mL
Lait écrémé évaporé	½ tasse	125 mL
Petites crevettes fraîches (ou surgelées, dégelées), cuites	½ lb	225 g
Sel	½ c. à thé	2 mL
Poivre	¼ c. à thé	1 mL
Sherry (ou sherry sans alcool ou vin blanc)	1 c. à soupe	15 mL

Faire fondre la margarine dans une grande casserole. Ajouter le céleri et les oignons verts. Faire revenir jusqu'à ce que le céleri ait légèrement ramolli.

Ajouter les 6 prochains ingrédients. Bien combiner le tout. Porter à ébullition.

Ajouter les 4 derniers ingrédients. Porter de nouveau à ébullition et servir dès que la soupe bout. Donne 1,4 L (5½ tasses). Pour 6 personnes.

1 portion : 167 calories; 5,7 g de matières grasses; 1183 mg de sodium; 14 g de protéines; 15 g de glucides; trace de fibres alimentaires

CONSOMMÉ DE VIN ROUGE

Une soupe claire, rouge foncé. La recette peut être doublée.

Eau	3 tasses	750 mL
Oignon, en lanières fines	1 c. à soupe	15 mL
Carottes, en lanières fines	1 c. à soupe	15 mL
Céleri, en lanières fines	1 c. à soupe	15 mL
Rutabaga (ou panais), en lanières fines	1 c. à soupe	15 mL
Oignons verts, hachés	1 c. à soupe	15 mL
Bouillon de bœuf en poudre	1 c. à soupe	15 mL
Sucre granulé	1½ c. à thé	7 mL
Jus de citron	½ c. à thé	2 mL
Sel	¼ c. à thé	1 mL
Vin rouge (ou vin rouge sans alcool)	¼ tasse	60 mL

(suite...)

Mettre les 6 premiers ingrédients dans une casserole moyenne. Porter à ébullition. Laisser mijoter sous couvert environ 5 minutes, jusqu'à ce que les légumes soient cuits.

Ajouter les 5 derniers ingrédients. Remuer. Laisser mijoter environ 1 minute. Donne 750 mL (3 tasses). Pour 4 personnes.

1 portion : *28 calories; 0,3 g de matières grasses; 619 mg de sodium; 1 g de protéines; 4 g de glucides; trace de fibres alimentaires*

SOUPE AUX PÊCHES

Une soupe froide, fraîche et joyeuse.

Margarine dure (ou beurre)	1 c. à soupe	15 mL
Petit oignon, haché	1	1
Sucre granulé	1½ c. à soupe	25 mL
Poudre de cari	½ c. à thé	2 mL
Curcuma	⅛ c. à thé	0,5 mL
Poudre chili, une petite pincée		
Acide citrique (vendu en pharmacie)	½ c. à thé	2 mL
Sel	⅛ c. à thé	0,5 mL
Farine tout usage	1 c. à soupe	15 mL
Pêches tranchées, en conserve, non égouttées	14 oz	398 mL
Eau	2 tasses	500 mL
Jus de citron	1 c. à thé	5 mL
Pommes à cuire (McIntosh par exemple), pelées et hachées	2	2
Lait écrémé évaporé (ou crème légère)	⅓ tasse	75 mL

Faire chauffer la margarine dans une casserole moyenne. Ajouter l'oignon, le sucre, les épices, l'acide citrique et le sel et faire revenir le tout jusqu'à ce que l'oignon soit mou.

Incorporer la farine en remuant.

Ajouter les pêches non égouttées, l'eau, le jus de citron et les pommes et faire revenir jusqu'à ce que les pommes soient cuites. Verser le tout dans le mélangeur et combiner jusqu'à ce que la préparation soit lisse.

Incorporer le lait évaporé en remuant. Réfrigérer. Donne 1,25 L (5⅓ tasses). Pour 6 personnes.

1 portion : *107 calories; 2,2 g de matières grasses; 102 mg de sodium; 2 g de protéines; 22 g de glucides; 2 g de fibres alimentaires*

Photo à la page 143.

SOUPE À LA CITROUILLE

Une soupe épaisse, couleur orange doré. On peut créer n'importe quel motif avec la crème sure dont on la décore.

Lait écrémé évaporé	13$\frac{1}{2}$ oz	385 mL
Citrouille, en conserve (sans épices)	14 oz	398 mL
Lait	$\frac{1}{2}$ tasse	125 mL
Sel	$\frac{3}{4}$ c. à thé	4 mL
Noix de muscade moulue	$\frac{1}{16}$ c. à thé	0,5 mL
Sirop d'érable (ou à l'érable)	1$\frac{1}{2}$ c. à soupe	25 mL
Crème sure, pour décorer (facultatif)		

Combiner les 5 premiers ingrédients dans une grande casserole. Remuer. Porter presque à ébullition en remuant souvent. Retirer du feu.

Incorporer le sirop d'érable en remuant. Répartir la soupe dans 4 bols.

Ajouter un feston de crème sure. Donne tout juste 1 L (4 tasses). Pour 4 personnes.

1 portion : 150 calories; 0,9 g de matières grasses; 651 mg de sodium; 10 g de protéines; 27 g de glucides; 2 g de fibres alimentaires

SOUPE AUX AMANDES

La texture est intéressante. Servir chaude ou froide.

Bouillon de poulet condensé	2 × 10 oz	2 × 284 mL
Amandes mondées, moulues	3$\frac{1}{2}$ oz	100 g
Petite feuille de laurier	1	1
Lait	1 tasse	250 mL
Farine tout usage	2 c. à soupe	30 mL
Margarine dure (ou beurre)	2 c. à thé	10 mL
Lait écrémé évaporé (ou crème légère)	1 tasse	250 mL
Poivre au citron	$\frac{1}{8}$ c. à thé	0,5 mL
Amandes tranchées, hachées, grillées four à 350 °F (175 °C) pendant 5 à 10 minutes	1 c. à soupe	15 mL

(suite...)

Faire chauffer les 3 premiers ingrédients dans une casserole moyenne jusqu'à ce que la préparation mijote. Laisser mijoter sous couvert pendant 20 minutes. Jeter la feuille de laurier.

Combiner le lait et la farine au fouet jusqu'à ce qu'il ne reste plus de grumeaux. Incorporer au bouillon qui mijote et remuer jusqu'à ce que la préparation bouille et épaississe.

Incorporer la margarine, le lait évaporé et le poivre au citron en remuant. Réchauffer complètement. Laisser refroidir. Réfrigérer jusqu'au lendemain pour que les goûts se mêlent.

Servir la soupe chaude ou froide. Répandre les amandes grillées sur le dessus au moment de servir. Donne 1 L (4 tasses). Pour 6 personnes.

1 portion : *209 calories; 12,2 g de matières grasses; 719 mg de sodium; 13 g de protéines; 13 g de glucides; 1 g de fibres alimentaires*

Variante : Incorporer 60 mL (¼ tasse) de vin blanc à la soupe au moment de servir.

BISQUE DE HOMARD

À servir quand le prix importe peu. On peut couper la recette de moitié. Un goût riche.

Crème de champignons condensée	**2 × 10 oz**	**2 × 284 mL**
Lait	**2⅔ tasses**	**650 mL**
Lait écrémé évaporé	**13½ oz**	**385 mL**
Farine tout usage	**2 c. à soupe**	**30 mL**
Sherry (ou sherry sans alcool)	**¼ tasse**	**60 mL**
Sauce aux piments	**¼ c. à thé**	**1 mL**
Sauce chili	**¼ tasse**	**60 mL**
Chair de homard en conserve surgelée (ou simili-homard), dégelée et défaite	**11,3 oz**	**320 g**
Paprika, une pincée		

Combiner les 7 premiers ingrédients au fouet dans une grande casserole jusqu'à ce que le mélange soit lisse. Porter presque à ébullition, en remuant de temps en temps.

Ajouter la chair de homard. Remuer. On peut combiner la soupe au mélangeur pour qu'elle soit plus lisse. La remettre dans la casserole pour la réchauffer.

Saupoudrer de paprika au moment de servir. Donne 2 L (8 tasses). Pour 12 personnes.

1 portion : *144 calories; 4,7 g de matières grasses; 658 mg de sodium; 11 g de protéines; 13 g de glucides; 1 g de fibres alimentaires*

BISQUE DE CRABE : Remplacer le homard par de la chair de crabe en conserve, égouttée, avec le cartilage ôté.

SOUPE ORIENTALE ÉPICÉE

Le vinaigre de riz est peu commun, mais ceux qui ont toujours voulu essayer cette soupe voudront s'en procurer pour cette recette.

Bouillon de poulet condensé	2 × 10 oz	2 × 284 mL
Eau	2 tasses	500 mL
Jus de tomate	10 oz	284 mL
Vinaigre de riz (ou blanc)	¼ tasse	60 mL
Sauce soja	2 c. à soupe	30 mL
Pousses de bambou, en conserve, égouttées et coupées en juliennes	8 oz	227 mL
Champignons frais, tranchés	½ tasse	125 mL
Poivron rouge ou jaune, coupé en lanières de 3,8 cm (1½ po) de long	½ tasse	125 mL
Sauce aux piments	½ c. à thé	2 mL
Piments forts déshydratés broyés	¼ à ½ c. à thé	1 à 2 mL
Oignons verts, tranchés en biais	¼ tasse	60 mL
Poulet (ou jambon ou bœuf) cuit, coupé en juliennes	½ tasse	125 mL
Fécule de maïs	1½ c. à soupe	25 mL
Eau	¼ tasse	60 mL
Gros œuf, battu à la fourchette	1	1

Combiner les 10 premiers ingrédients dans une grande casserole. Porter à ébullition. Laisser mijoter à découvert pendant 10 minutes.

Ajouter les oignons verts et la viande. Cuire pendant 1 minute.

Délayer la fécule de maïs dans l'eau dans une petite tasse. Incorporer à la soupe et remuer jusqu'à ce qu'elle bouille et épaississe légèrement.

Ajouter lentement l'œuf battu, en un filet ininterrompu, à la soupe en ébullition. Remuer jusqu'à ce que l'œuf forme des filaments. Donne 1,9 L (7¾ tasses). Pour 8 personnes.

1 portion : *71 calories; 1,9 g de matières grasses; 879 mg de sodium; 8 g de protéines; 6 g de glucides; 1 g de fibres alimentaires*

Photo à la page 125.

Dans cet ouvrage, les quantités sont données en mesures impériales et métriques. Pour compenser l'écart entre les quantités quand elles sont arrondies, une pleine mesure métrique n'est pas toujours utilisée. La tasse correspond aux huit onces liquides courantes. La température est donnée en degrés Fahrenheit et Celsius. Les dimensions des moules et des récipients sont en pouces et en centimètres ainsi qu'en pintes et en litres. Une table de conversion métrique exacte, avec l'équivalence pratique (mesure courante), suit.

TEMPÉRATURES DU FOUR

Fahrenheit (°F)	Celsius (°C)
175°	80°
200°	95°
225°	110°
250°	120°
275°	140°
300°	150°
325°	160°
350°	175°
375°	190°
400°	205°
425°	220°
450°	230°
475°	240°
500°	260°

CUILLERÉES

Mesure courante	Métrique Conversion exacte, en millilitres (mL)	Métrique Mesure standard, en millilitres (mL)
⅛ cuillerée à thé (c. à thé)	0,6 mL	0,5 mL
¼ cuillerée à thé (c. à thé)	1,2 mL	1 mL
½ cuillerée à thé (c. à thé)	2,4 mL	2 mL
1 cuillerée à thé (c. à thé)	4,7 mL	5 mL
2 cuillerées à thé (c. à thé)	9,4 mL	10 mL
1 cuillerée à soupe (c. à soupe)	14,2 mL	15 mL

TASSES

¼ tasse (4 c. à soupe)	56,8 mL	60 mL
⅓ tasse (5⅓ c. à soupe)	75,6 mL	75 mL
½ tasse (8 c. à soupe)	113,7 mL	125 mL
⅔ tasse (10⅔ c. à soupe)	151,2 mL	150 mL
¾ tasse (12 c. à soupe)	170,5 mL	175 mL
1 tasse (16 c. à soupe)	227,3 mL	250 mL
4½ tasses	1 022,9 mL	1 000 mL (1 L)

MOULES

Mesure courante, en pouces	Métrique, en centimètres
8x8 po	20x20 cm
9x9 po	22x22 cm
9x13 po	22x33 cm
10x15 po	25x38 cm
11x17 po	28x43 cm
8x2 po (rond)	20x5 cm
9x2 po (rond)	22x5 cm
10x4½ po (cheminée)	25x11 cm
8x4x3 po (pain)	20x10x7.5 cm
9x5x3 po (pain)	22x12.5x7.5 cm

MESURES SÈCHES

Mesure courante, en onces (oz)	Métrique Conversion exacte, en grammes (g)	Métrique Mesure standard en grammes (g)
1 oz	28,3 g	28 g
2 oz	56,7 g	57 g
3 oz	85,0 g	85 g
4 oz	113,4 g	125 g
5 oz	141,7 g	140 g
6 oz	170,1 g	170 g
7 oz	198,4 g	200 g
8 oz	226,8 g	250 g
16 oz	453,6 g	500 g
32 oz	907,2 g	1 000 g (1 kg)

RÉCIPIENTS (Canada et Grande-Bretagne)

Mesure courante	Mesure métrique exacte
1 pte (5 tasses)	1,13 L
1½ pte (7½ tasses)	1,69 L
2 pte (10 tasses)	2,25 L
2½ pte (12½ tasses)	2,81 L
3 pte (15 tasses)	3,38 L
4 pte (20 tasses)	4,5 L
5 pte (25 tasses)	5,63 L

RÉCIPIENTS (États-Unis)

Mesure courante	Mesure métrique exacte
1 pte (4 tasses)	900 mL
1½ pte (6 tasses)	1,35 L
2 pte (8 tasses)	1,8 L
2½ pte (10 tasses)	2,25 L
3 pte (12 tasses)	2,7 L
4 pte (16 tasses)	3,6 L
5 pte (20 tasses)	4,5 L

INDEX

Des recettes de tous les jours auxquelles des millions se fient

Jean Paré

Company's Coming

Hacher, remuer et servir.
Simple comme bonjour!

Des recettes pour combiner viandes et légumes

- Bœuf
- Desserts
- Fruits
- Légumes
- Poissons et fruits de mer
- Porc
- Poulet
- Salades
- Sandwiches

Recette-échantillon extraite de
LES PLATS FRICASSÉS

CREVETTES À LA CRÉOLE

Pour gagner du temps, utiliser des lanières de poivron surgelées. Servir sur du riz chaud.

Huile de cuisson	2 c. à thé	10 mL
Petit poivron vert, coupé en lanières	½	½
Petit poivron rouge, coupé en lanières	½	½½
Petit poivron jaune, coupé en lanières	½	½
Céleri, tranché mince	½ tasse	75 mL
Oignon, tranché	½ tasse	125 mL
Crevettes moyennes cuites surgelées	1 lb	454 g
Tomates en dés, en conserve, égouttées, jus réservé	14 oz	398 mL
Ketchup	1 c. à soupe	15 mL
Poudre chili	1 c. à thé	5 mL
Cassonade, tassée	2 c. à thé	10 mL
Sel	1 c. à thé	5 mL
Poivre de Cayenne	⅛ c. à thé	0,5 mL

Faire chauffer l'huile dans une poêle à frire ou un wok. Ajouter les poivrons, le céleri et l'oignon et les faire sauter en remuant pendant environ 3 minutes.

Ajouter les crevettes. Faire sauter pendant 1 minute en remuant pour les réchauffer.

Combiner les 6 derniers ingrédients dans un petit bol. Ajouter le tout au mélange de crevettes. Faire sauter en remuant jusqu'à ce que la préparation soit chaude et grésille. Donne 750 mL (3 tasses), soit 4 portions.

1 portion : 186 calories; 4 g de matières grasses; 1 166 mg de sodium; 25 g de protéines; 12 g de glucides; 2 g de fibres alimentaires

Bon de commande

Liste des livres de cuisine au verso

QUANTITÉ	CODE	TITRE	PRIX AU LIVRE	COÛT TOTAL
			$	$

N'OUBLIEZ PAS d'indiquer le(s) livres(s) GRATUIT(S). (voir l'offre exclusive par courrier ci-dessus) EN LETTRES MOULÉES S.V.P.

	NOMBRE TOTAL DE LIVRES (y compris les livres GRATUITS)	NOMBRE TOTAL DE LIVRES ACHETÉS :	

	TARIF INTERNATIONAL		CANADA ET É.-U.	
Frais d'expédition et de manutention (CHAQUE DESTINATION)	(un livre)	7,00 $	(1-3 livres)	5,00 $
Livres supplémentaires (Y COMPRIS LES LIVRES GRATUITS)	(2,00 $ le livre)	$	(1,00 $ le livre)	$
SOUS-TOTAL		$		$
T.P.S. (7%) au Canada seulement				$
MONTANT TOTAL INCLUS		$		$

Conditions

- Les commandes provenant de l'extérieur du Canada doivent être RÉGLÉES EN DEVISES AMÉRICAINES par chèque ou mandat tiré sur une banque canadienne ou américaine, ou par carte de crédit.
- Faire le chèque ou le mandat à : COMPANY'S COMING PUBLISHING LTD.
- Les prix sont exprimés en dollars canadiens pour le Canada, en dollars américains pour le tarif international et pour les États-Unis et sont susceptibles de changer sans préavis.
- Les envois sont expédiés par courrier de surface. Pour expédition par service de messageries, prière de consulter notre site Web, **www.companyscoming.com**, ou de demander des renseignements par **téléphone**, au **(780) 450-6223**, ou par **télécopieur** au **(780) 450-1857**.
- Désolé, pas de paiement sur livraison.

☐ MasterCard ☐ VISA

Date d'expiration _____

N° de compte _____

Nom du titulaire de la carte _____

Signature du titulaire de la carte _____

OUI! Expédiez-moi un catalogue.

☐ français ☐ anglais

Adresse du destinataire

Veuillez expédier les livres de cuisine indiqués ci-dessus à :

Nom : _____

Adresse : _____

Ville : _____ Province ou État : _____

Pays : _____ Code postal ou zip : _____

Tél : ( ) _____

Courrier électronique : _____

Offrez le plaisir de la bonne chère

- Laissez-nous vous simplifier la vie!
- Nous expédierons directement, en cadeau de votre part, des livres de cuisine aux destinataires dont vous nous fournissez les noms et adresses.
- N'oubliez pas de préciser le titre des livres que vous voulez offrir à chaque personne.
- Vous pouvez même nous faire parvenir un mot ou une carte à l'intention du destinataire. Nous nous ferons un plaisir de l'inclure avec les livres.
- Les Livres de cuisine Jean Paré font toujours des heureux. Anniversaires, réceptions données en l'honneur d'une future mariée, fête des Mères ou des Pères, l'obtention d'un diplôme...ce ne sont pas les occasions qui manquent. Collectionnez-les tous!

LIVRES DE CUISINE